JN045456

誰も知らなかった西城秀樹。

Hideki Saijo
西城秀樹

青志社

青春
The Spring of Life

出発
The Departure

飛翔
Fling High

旅人
The Traveller

松山
はりまやはし

夢
Dream come true

誰も知らなかった西城秀樹。

西城秀樹

誰も知らなかった西城秀樹。

目次

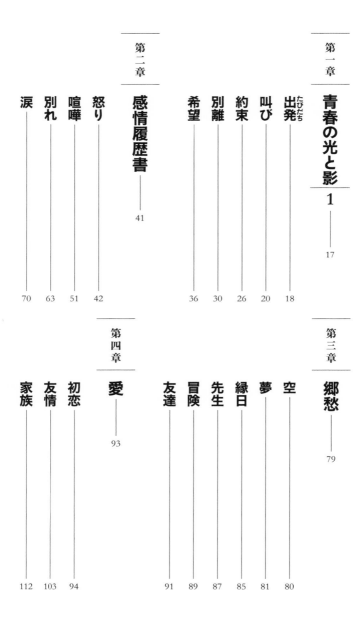

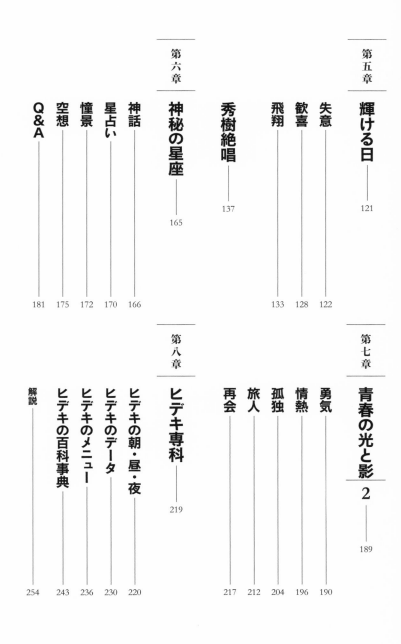

装丁・本文デザイン
岩瀬聡

第一章

青春の光と影

1

出発《たびだち》

〝誰も知らなかった西城秀樹〟というタイトルで、ぼくが本を書く。信じられないくらい恐ろしいことだ。

だが、ペンを取って、新しい原稿用紙の一枚に自分の心を描いていくことは本当はうれしい。こうして自分の机で、スタンドの灯りの下で、じっと、白い原稿用紙をにらんで考えている。いつだったろう、こんな風な自分を見るなんて……。

あれは、高校入試に燃えた15歳の冬――毎晩、四畳半の広島のぼくの部屋で、机に向かっている時、おふくろさんがそっと足音を殺して、部屋の扉を開いたっけ。

ぼくが好きだった、味噌ラーメンの湯気がふわっと、おふくろの顔の前にもやみたいにかかったのを、今、ぼくは四年ぶりで思い出している。あれが、まるで昨日の晩のようなんだ。四年前の広島での出来事だなんて、とても信じられない。

だけど、今夜は、あの受験勉強の夜のように、おふくろが味噌ラーメンを差入れしてくれることは、まちがいなくない。ここは、ぼくの部屋で、あの時の広島の落書きと、ギターと、ドラムのセットがいっぱいの四畳半ではないのだから。

初めてのぼくの著書の原稿に向かって、第一行のペンを走らせようとしている時、遠く高速道路で、赤坂のＴＢＳテレビの近くからだろうか、鋭いサイレンの音が、風にのって流れてきた。大都会の夜を映すビルのガラス窓に、昼から夕方にかけて降った6月の梅雨のしずくが、涙のように光っている。

ぼくは何故か、指先が震えて、一人だけの悲しい夜が、これから訪れることを約束しているように思えてしかたがない。

もしかしたら、この原稿の第一ページが、西城秀樹の新しい〝出発《たびだち》〟となるかもしれない。今夜のこの窓ガラスの、涙のような6月の雨を、あの悲鳴のようなサイレンの音を、そして、この指先の震えを、ぼくはいつかきっと、はっきりとＶＴＲのテープのように、想い起こす日があることを予感している。

〝誰も知らなかった西城秀樹〟――これは世界中で、ぼくだけにしか書くことのできない、ぼくだけに許されたタイトルなのだ。ぼくは、今、その一ページをまさに出発《たびだた》んとしている。

叫び＝

とうとう第一ページを書きだしてしまった。大都会の灯りを眼下に望む、このぼくだけの城で何週間ぶりかの一人だけの世界。

遠く低く悲鳴が消えかかるようなおもくるしいサイレンの音にかわって、四隅のスピーカーから流れてくるのは、〝SANTANA CARAVANSERAI〟のインスツルメント――小さく、かすかに、砂漠の虫の声からスタートする。ぼくの気にいっているレコードのイントロ。高校の「ジプシー」なるバンド時代、ぼくらのレパートリーだった〝サンタナ〟から、大きく飛躍している。

あの時、ぼくは、きっといつか、ぼくも自分のレコードをと思いつづけていた。

その自分自身との約束を、ぼくは果たしたと信じている。たとえ、自分自身との約束でも、約束を守れたことは、とてもうれしいことだ。ぼくは、今、原稿を書きながら、ぼくのこの本を読んでくれる人たちに、約束したい。〝誰も知らなかった西城秀樹〟は、だれにも偽らず、だれにも恥じることなく書いていきたい。

スピーカーからは、サンタナのエレキとドラムがヒートしている。そう、ぼくにも、ドラムにすべてを賭けた、あの熱い夏があった。太陽が焼けるように輝き、アスファルトが焦げるように熱をもつ、広島のメインストリート。風がそよとも吹かない、死んだような川面。白いポロシャツが、汗で身体にピッタリとまといつく、広島の8月。あのまぶしいような高い空が、あの日、灰色と黄色の光りに覆われてしまったという、ぼくの生まれる十年も昔のことが、この平和で、物音ひとつない街で起こった。

だが、ぼくは歩いている。白いシャツと白のスラックスが、ぼくの生きていることを約束してくれている。

ドラムを打つときの、あの腕に伝わる響きが、心地よい疲労が、かすかにしびれる頭の一カ所が、ぼくに教えてくれる。

「行くんだ！　お前の信ずる道を。お前がやらなくてはいけない道を、行くんだ」

と。ふと、暗い客席をみると、いつまでも、いつまでも、ぼくのために手を叩いてくれる、痛いほど手を叩いてくれる、一人の少女の姿をみつけた。あのひとは、昨日もあの席に坐って、手を叩いてくれた。そして一昨日も、あのひとは、ぼくのドラムに拍手をくれた。長い髪と、真白いブラウスが、清潔だった。きっと、美しい指先をしているだろうな……暗い客席の中に、少女だけが浮いてるジャズ喫茶のステージで、ドラムをうつ合い間に、ふと、そんなことを考えたぼくだった。

少女とは、一度だけ、あの暗い客席以外で出会ったことがある。あれは、七夕祭りの宵の事だった。風船売り、金魚すくい、わたあめ売りとならぶ、本通りをすぎると、まるで七夕祭りが嘘のように、静かな裏街の小さな通り、白い壁が、長く続いていたのを覚えている。白い地に濃い青の朝顔の柄の浴衣の少女が、向うからやって来た。手に団扇《うちわ》を持っているのが、不思議と、大人びた感じを少女にあたえていた。曲るべく路地もない、隠れる物かげもない、本当に、白い壁にはさまれた、長い一本道であった。

ぼくは、どうしようもなかった。怖ろしかった。太陽のまだ少し残る、黄昏《たそがれ》のこの光りの中で少女とふたりきりで、すれ違うことが、とても耐えられなかった。だって、今のぼくは、ドラムを前に置いてもいないし、スティックも持ってない。それに、何よりも恥ずかしいのは、ぼくがいやだというのに、おふくろが生まれて初めて、浴衣を着せてくれてしまったんだ。茶色い帯が、妙にたよりなく感じられて、靴をはいていない足が、まるで裸をみられるように恥ずかしかった。

「あッ」

近づいてくる少女の唇から、ぼくをみつけた、びっくりした囁きがもれるのを、二十メートルも先のことなのに、ぼくにはステレオ・サウンドをヘッド・フォーンで聴いたように、はっきりと聞いた。

ぼくは、いきなり後ろを向いた、駆け出した、駆け出した。初めて着た浴衣の前が脚にまといついて、恐ろしく、駆けにくかった。腕を前後に振るとき、浴衣の袖が、千切ってしまいたいほど邪魔だった。でも、ぼくはまるで、恐ろしい怪獣から逃れるように走った。自分のあとから、同じ速さで追いついてくる、下駄の音の高い響きだけが、いつまでも、いつまでも、ぼくについて来た。

五分も駆けただろうか、ぼくは、もうすっかり夜になった、ざわめく本通りの、色とりどりの七夕祭りの飾りアーチの下を歩きながら、初めて後をふり向いてみた。浴衣姿で、うちわ片手の女の人が、おどろくほど多く歩いていたが、あの青の朝顔の少女はいなかった。ぼくは、なぜだかむしょうに淋しく、今駆けてきた道を、今度は早足で戻った。暗闇の中で、さっき見た白い壁が、まだ光って見えた。

だけど、少女は、勿論いなかった。どこかの小さな電柱のかげに、くぐり戸のかげにいないかと、ぼくは、その一本道を探しつづけた。そして、何故、回れ右をしたのかと、今になって急に後悔をして、降るような星空に向かって、どなってみた。

「バカヤロー！　オマエナンテ、シンジマエ！　バカヤロー！」

白い壁にこだました、バカヤローの響きがもう一度自分の耳にもどって、そして、七夕の夜空へと消えていった。

黄昏《たそがれ》

黄昏は　今日もまた
冷たく　ぼくを包む
ふたりなら　すぐの距離なのに
ひとりでは　あまりに遠すぎる

夕焼けは　すでに薄く
口笛が　近い闇に溶ける
長い影が　仔犬を連れて
西へ向かう　坂道

口笛が　仔犬を誘い
長い影に　笑みが浮かぶ
夕焼けは　明日に消えて

長い影も　昨日に消えた
口笛は　サヨナラの合図
明日もまた　長い影に会おう
コンニチワの　口笛をつれて
明日もまた　黄昏に会おう

約束Ⅱ

昨日の雨は何処へいってしまったのだろう。泣いていたようにみえた、部屋の窓ガラスもすっかり晴れてしまった。ニューオオタニの空にそびえ立つ新館が、まぶしく光っている。ガラス窓に、太陽があたって、まるでダイヤモンドの結晶のように輝く。

あのてっぺんのスカイルームから、この大都会を見降ろしたら、きっと飛行機に乗ってるようだろうな。初めて東京へでてきて、あのスカイルームのクリスマスのような灯りをみたとき、「おふくろさん、ぼくがこの誰も知らない東京で、いつか必ず音楽で食べられるようになったとき、あのスカイルームへつれてって、一番上等のステーキを食べてもらうからな。それまで、ぼくのことは死んだと思って、あきらめて欲しいんだ。でも、いつかきっと、あのスカイルームのてっぺんで、ぼくのおごりでおふくろさんを喜ばせてあげるから」

心に固く誓ったことをぼくは忘れてはいない。忘れてはいないけど、ぼくは自分で、固く誓った約束をまだ果たしていないんだ。忘れないうちに、広島へ電話を入れよう。今年のクリスマスこそ、おふくろさんをつれて、あのスカイルームへいく約束をしよう。ぼくは、回し馴れた「0822」の広島局番をダイヤルして、おふくろの声が聞こえて来るのを待った。

「あのネ、クリスマス・イヴの夜、スカイルームのてっぺんでさ、ステーキのいちばん高えの、ご馳走するからさ。いいだろう」

おふくろが何て返事したか、覚えてはいないけど、なんだか、下着をどうのとか、靴下の穴のあいたのはどうとか、そんなこと言ってたみたいだった。クリスマスのご招待は、やっぱり、カードかなんかで、愛する母上へなんて、順序を踏んで送んなくちゃ駄目なのかと、ちょっぴりめんどうになって、そのことは、すっかり忘れてた。

そんなある日、大阪の姉さんから手紙が届いてて、ぼくは名古屋へ向う新幹線の中で、ゆっくりと封を切った。姉さんは昔から、優しい字を書く人だった。今でも、美しく優しさのあふれた細いペン字が、ぼくには嬉しい手紙。一字づつ、大切にゆっくりと読んでいくぼくの眼に、初めて、両親の反対を押し切って、東京へでてくるとき、大阪の姉さんに三万円借りた、あの日のことが、甦《よみが》えって来るのだった。

「駄目だったら、すぐ広島に帰るのよ、帰るのよ。タッちゃん！」

あの夜から、ぼくの人生は変わった。あの夜、姉さんが、ぼくの上京をひき留めたら、今日のぼくは無かったかもしれない。窓の外を、飛ぶように走る田園の風景も、しばらくはぼくの眼に入らなかった。三年前のあの夜のことだけが、まるで、古い映画のフィルムをみるように、ぼくの頭の中を駆けめぐるのだった。

今、ぼくは新幹線の坐り心地の良いシートに、ゆったりとくつろいでいる。あのときの夜汽車は、空気がよどみ、遠くから眠れぬ人たちの話し声が子守唄のように聞こえてきたっけ。耳馴れた関西のなまりが、ぼくの不安を消してくれたっけ。そういえば、ぼくはこの頃、広島弁も使わなくなった。テレビのインタビューを聞いてると、自分がしゃべってるのが、照れるような東京弁をしゃべってる自分を時々、苦笑いして見ている。

窓の外に、何十回となく見馴れた浜名湖が通っていく。姉さんの手紙は、おふくろさんが、冬物の新しい着物を作ってるということだった。なんでも、クリスマスに東京で豪華なところへ招待されてるから、恥ずかしくないように、ちょっと奮発して、大島なんとかというので作ってるということだった。

「おふくろさん！　この間の電話はとぼけちゃって、聞いてないような振りしてさ。ほんとは、喜んでくれてたんだ」

ぼくは、あのスカイルームのてっぺんで、おふくろさんと、クリスマスのキャンドルを間にはさんで、ワインで乾杯するシーンを想像した。

浜名湖の水面がキラキラ光るのが、まるで、ローソクがゆれてるように見えて、ぼくはそのときとても幸せだった。知らない人が、その時のぼくをみたら、恋人のことを想って、幸せそうにニヤニヤしてる一人の青年だと思ったに違いないな。あとでそれを考えると、ちょっと照れくさい。昭和50年12月24日は、ぼくが三年前、心に誓った、あの約束を守れる夜になりそうだ。浜名湖が、後へ遠ざかって行く。ぼくはそっと、目を閉じて、眠りへと入っていった。手には、姉さんからの手紙を握りしめたままで。

別離Ⅱ

ＴＢＳホールの前、一つ木通りを青山通りへ歩くと、左側にフルーツ・ショップ。その上が、明るいパーラーになっている。ぼくがふらりとのぞくと、テレビのプロデューサー、ラジオのディレクターの顔が何人か見えた。みんな真剣に、何事か話し合っている。かなりの年齢で、ぼくの親父さんと同じ位のプロデューサーの人もいるけど、どうしてか、どの顔も、まるで昨日大学を卒業したように、若さがにじんでいる。仕事の打ち合せというより、大学時代のゼミナールをやってる雰囲気。

空いてる隅のコーナーへ、腰を降ろしながら、ぼくはしばらく逢ってない、広島時代の友人たちを思い出した。

山陽高校・ヨット部の真冬の帆走《セーリング》は、ひどくキツーイものだった。半ば凍ったような指先からかすかな風をジブにうけて、水面を切っていく船の進行が伝わってくる。舵柄《ラダー》を握る、そこに海がもう在る。

一枚帆のディンギーから、初めて二枚帆のスナイプに昇格した時は、うれしかった。数学の方程式を暗記するのは、かなり苦手なぼくも、ヨットのこととなると、不思議とさえるのだった。三角帆はジブ、メインセールと、マスト、リーチとラフの違い、全て一週間で、のみこんでしまった。英語の勉強も、この位熱が入ればいうことなしなんだが、人生そう甘くはない。真冬のトレーニングが、地獄の底まで交き合うぜ、という奴なら、真夏のセーリングは天国におつりが来るような素晴らしさだ。

ぼくの得意はなんといってもランニング。即ち、風下への帆走だった。これは、最も速い追風の時のセーリング方法で、メインセールを、はためかない目一杯まで外に張って、船の下にあるあの大きなセンターボードが3／4以上も海面に出るんだから、豪快そのものなのだ。

太陽が、今まさに沈もうとする真夏の夕方、ヨットの船首が、白い波頭を作る。そこに七色の虹が生れるのをみるとき、男は全てのことを忘れる。知らないうちにぼくは口づさんでいる。ヨット乗りの大先輩・加山雄三さんの『君といつまでも』とか『お嫁においで』が、なぜかその時のムードにぴったりなんだから、さすがである。残念ながら、珊瑚でこさえた紅い指輪を、あげようという素敵な女性との交き合いは、まだ無い。

あれは高一の終り頃、2月の一年中で最も海が冷たい頃だった。ぼくは、ヨット部のスナイプに、友人のあいつと組んでセーリングをしていた。指先が穴のあいた毛糸の手袋をしてさえ、まったくしびれて感覚はなく、耳だけがカッカと熱いという地獄のトレーニングだった。

クロスフォールド、リーチング、ランニングと基礎技術のセーリングを、機械的にもくもくと三角波の立つ真冬の瀬戸内海を走らせつづけた。ときどき、ヨットの甲板に小さな飛魚が、越えそこなって落ちてくる。灰色の空の一日。一時間も、何もしゃべらずに、走らせていた。ぼくとあいつの間に、ポッーンと、あいつの声が落ちてきた。

「俺、お前と組むの今日で終わりだ」

あいつはポッーンと海にすてるように、こう言ったっけ。

「親父が死んでネ。俺、明日から大阪へいくよ」

海鳴りの音も、かもめの鳴き声も、全世界の物音が、一切とだえたような一瞬だった。

「運送屋の小僧になることに決めたよ」

僕はひとことだけあいつに言った。

「明日何時の汽車だ」

「広島発10時15分、大阪行」

そのあと、あいつは小さいが、断固たる決意をこめて言った。

「送らんでくれよ。お前は明日その時間、一人でこいつを帆走させてくれ。俺の最後の頼みだ」

ぼくは、いきなり船をタッキングさせた。危険を承知だった。ヨット乗りの絶対してはいけないことだった。転ぷくの危険も、他の船との激突の危険も、全て判っていたことだった。海の、この氷のような海の中へ放り出されることも承知だった。

かもめの、あの空を切りさくような叫び声と、岩礁にあたってくだける波の音が、急にあたり一杯に拡がっていくのがわかった。

あいつは、中学からの四年間の友だちだった。バンドの練習も、サッカーも一緒にやった。初めて、こっそり煙草を吸った冒険も、あいつがパートナーだった。何もしゃべらない無口の奴だった。ぼくもしゃべらない。二人して半日だまって、海をみていたこともあった。

親父は、長距離トラックの運転手で、月のうち、十日も家にはいれないんだと、いつか聞いてたが忘れてた。たしか今、中学一年の妹がいて、一度だけあいつの弁当を、届けに来たことがあった。あいつに似て、色の黒い細長い妹だった。あの時、クラスのおっちょこちょいが、何かテレビで流行ったきたならしいセリフをいってからかった。あいつは、顔色も変えず、そのチビを二メートルはぶっとばしたっけ。笑うと白い歯だけが、ひどく人なつっこくみえる奴だった。

ジブセールが、最後の太陽の光りで、ぼんやり白くみえる頃、ぼくとあいつはハーバーにもどって、何もいわずに船をもやい、船を洗ってセールをたたんだ。

「ああ、明日から俺は一人ぼっちなんだ」

初めて、友達を失うその淋しさが、胸をつきあげてきた。ぼくはだまって、ハーバーの水道口まで走った。冷く、凍りつくような水道の水を、頭からじゃぶじゃぶとかぶった。涙なんて流すもんか。あいつだって泣かなかった。

翌《あく》る十時十五分。ぼくはもちろん広島駅へは行かなかった。だが、あいつの頼んだひとりぼっちのセーリングもしなかった。二人してよく登った、ハーバーの裏手の松林の丘の上に、ぼくはそのとき、ひとり寝転んでいた。灰色の雲が、すごい速さで、上空を飛んでいくのが見えた。

船の霧笛が、ボーッとかすかに、松林までとどいてくる。十時十五分。あいつは、いつもと同じように、いつもと変わんない顔して、病身で弱い母親と、あの色の黒い妹とをかばいながら、大阪行の汽車に今乗ることだろう。あいつはぼくに、大阪の住所も、勤め先も教えなかった。

「いつか、逢える時がくれば又逢えるさ」

あいつは、きっとこう思ったに違いない。思っても、そんなセリフは、死んでも言わない奴だから、ぼくは好きなんだ。

灰色の空から、蒼い海へ目を移すと、昨日まであいつと乗ってたスナイプが、ヨット部の仲間の手で走っていた。

ぼくはその日の十一時、ハーバーのヨット部の部長のもとへいって、ヨット部を退部させてもらいたいといって帰った。理由をひとつも聞かなかった部長も、やはり海の男だったのかもしれない。

あの日から、ぼくは何よりも愛していた、海とヨットのティラーを一度も握っていない。そしてあいつにも逢ってはいない。

慰め

失恋したくせに
美しい別れだったと
冗談をいわない男が
真面目な顔でそういうと
笑いたくても笑えなくて
そんなもんだよと
肩をポンと叩いて
元気だせよと
心にもないことをいうのは
偽りの友情だろうか

希望Ⅱ

初めての東京、初めてのマンション生活、初めて両親との別離。何もかも初めての毎日が、目黒橋でスタートした時、ぼくはよくマンションの裏の、東京にしてはきれいな流れの川沿いの道を歩いた。故郷の太田川には、とてもかなわないけど、春には桜が、秋には木の葉が、きれいな川に沿った道であった。

小石を拾って、何気なくポーンと向岸の道に放る時、何処の家なんだろう、夕ごはんの支度なのか焼魚の匂いが、フワーッとただよって来るんだ。それに、追いかけるような味噌汁の匂い。この所外食だらけのぼく。そして、焼き魚と味噌汁に目のないぼくにはたまらない匂いだった。

広島にいれば、どんなにあばれて帰っても、どんな時間に帰っても、おふくろさんが、ぼくが今日、何が食べたいのかを知っていて、いつだって、ちゃーんとテーブルに、好物を用意してくれた。何故、あの暖かい家庭を飛び出したんだろう。いくら、好きな音楽のためだって、どうして今、こんな風に、他所の家の夕ごはんが気になるような、生活を送っているんだろう。

「帰ろうか広島へ。帰ろうか、おふくろさんの所へ」

今から、マンションの部屋へいって荷物をもって、東京駅に駆ければ、明日の朝は、おふくろのあの手作りの味噌汁と、あじの干物が食べられる。ぼくはもうたまらなかった。

焼魚と味噌汁の、暖かい家庭の匂いのあとに、夕闇が降り始めた。目黒川のほとりを、一目散に駆け足だった。エレベーターへ乗るのも、まどろっこしく、階段を二段づつかけあがった。七階の踊り場まで一挙に——。

その時、ぼくは又あの家庭の匂いをかいだのだった。もうがまんができない。あとの二階は、階段を三段づつ駆け上って、部屋のドアを、足でけるようにあけた。その時だった、僕の胸一杯に味噌汁の香りがつーんと、入って来たのだ。男二人が住んでいる、形ばかりの台所に彼がいた。無器用な手つきで、味噌汁を作ってる彼がいたんだ。

「何をしてんだよ」

背中に向かって聞いたぼくの方を、振り向きもしないで、彼はいった。

「オイ！　広島の母さんから、小包がきてるよ」

テーブルの上の小包は、ぼくあてのと彼のとがふたつ。半分ひらかれた彼への小包の中に、なつかしい広島の味噌だるがあった。

「旨いかどうか責任もてねえぜ。でも、お前のおふくろさんが、味噌汁の作り方書いて来てくれたんだ。一応その通りに作ったっていうわけ」

部屋中に、ぼくの好きな味噌汁の匂いが、おふくろの匂いが……。ひどく暖かい感じだった。ぼくの小包には、靴下と真白な下着が――。

恥ずかしかった。甘ったれて、今直ぐ広島へもどろうとした、ぼくの弱い根性がたまらなく恥ずかしかった。

「おい、何処へいくんだ。味噌汁が冷めちゃうぜ」

「直ぐもどるよ、直ぐ…」

9階の廊下から、小さな川をじーっと見降ろした。TVをつけて、両親と兄妹たちが、ひとつの茶の間に集まって、今、夕ごはんが始まろうとしている。そんな家の灯りが、あっちにもこっちにも見えていた。

「おふくろさん。あと一年、いや二年だけ待ってほしい。ぼくは、必ず自分の夢を実現します。そして、毎朝あったかい味噌汁と焼魚の匂いで、目を覚ませるようがんばります」

ぼくたちの部屋から、おふくろさんの送ってくれた味噌汁を、作ってくれてる彼のハミングが聞こえてくる。ぼくが、とうとうレコードすることになった〝恋する季節〟のイントロを、くり返しくり返し、ハミングしているのが、味噌汁と一緒に、僕のところまで流れてくる。

海

みんな帰っちゃった
騒ぎ始めた星たちだけがぼくを見てる

海に向かってぼくはいる
弾き手のないギターを抱えて

もうあいつは二度と戻ってこない
ギターを残しただけのあいつ
いくら星がいっぱい輝いても
夜光虫の海が美しくても意味はない
ふたりの海だったから
ぼくは海が好きだったというのに

第二章

感情履歴書

怒りⅡ

幼いときからぼくは、ものごとのすじみちが通らないとカッカした。約束を破ったり、理由もなしに暴力をふるう奴をみると我慢できずに、「このやろう」とぶつかっていく。

昭和42年、ぼくは広島市の二葉中学に入学した。男の子の世界というのはおもしろい。入学してクラスが決まり、初めて教室に入ると、まず「クラスにはどんな奴がいるんだろう」と周囲を見回わす。

そんなとき広いオデコの仲間をみると、

(あいつ、勉強ができそうだなあ)

と思う。また小柄でニコニコしている仲間をみると、

(あいつは、おもしろそうな奴だぞ)

そしてごつい奴をみると、

(うム、あいつは強そうな奴だ)

と、ひそかに思うのだ。大体、この第一印象は当たる。

小学校時代、ガキ大将で鳴らしたぼくを、友達はきっと直感的に、「あいつは強そうな奴だぞ」と感じたらしい。それが証拠に、入学第一日めの日から、

「木本」「木本……」

と、何人かの仲間が向こうから声をかけてきた。

そんな仲間に向かってぼくは、

「おう、なんだ、なにかわからないことでもあるのか」

と、でっかい顔をしていた。

小学校の延長そのまま、ぼくは中学校でも早くもガキ大将になってしまった。

本名
木本龍雄
生年月日
昭和30年4月13日
出身地
広島県広島市愛宕町

家族

父・三郎（52歳）

母・とし子（46歳）

姉・恵美子（27歳）

兄・龍寿（22歳）

幼稚園

立正幼稚園

思い出

幼稚園の頃は太っていた。この頃から目立つ男の子で、その当時とても流行った歌『黒い花びら』を、よく歌った。あるとき幼稚園の先生に、

「もっとかわいらしいお歌を、歌いましょうね」

と言われた。

小学校

尾長小学校

思い出

今も強くのこっているのは、クラスの仲間の誕生日がくると、みんなで開く誕生会だ。

この誕生会では、みんなが誕生日を迎えた仲間のために、寸劇や歌を歌ったりしてお祝いする。

ぼくは自分で考えた寸劇をよくやった。題は『石焼きいも屋』。

ぼくが石焼きいも屋に扮して、お客に扮した友達が、

「石焼きいも、ちょうだい」

というと、

「はいよ」

と、おいもとまちがえて、一緒に焼いた運動靴を出したりする、ナンセンス・コメディだった。

これが大いに受けた。

次の誕生会でも友達が、

「木本、また石焼きいも屋をやってくれよ」

といったけれど、

「だめだめ、一度やった演《だ》し物は二度とやらないよ。まあ、楽しみにしていなよ」

とそういって次にやったのが、浪曲の『森の石松』だった。

〝遠州、森の石松のォ……ヨオッ、ペペペン、ペンペン……〟

ラジオで放送した浪曲を憶えてうなって、またまた拍手喝采を受けたそれ以来、すっかりク

ラスの人気者になった。

誕生会でいっぱしの芸人ぶりをみせたぼくは、遊びのほうではガキ大将だった。

どんなことをやってもこわいもの知らずだったから、今、考えると自分でもヒヤッとすることが、随分あった。

小学校1年のときのスキー事件もそのひとつだ。

スキーがやりたくてやりたくて、それでこずかいを貯めて、こども用のスキー道具を、古道具屋で買った。

「これでいつでも滑れるぞ」

そう思ったら、もう矢もたてもたまらず、そのスキーをかついで、冠高原行きのバスに乗ってしまった。

ちょうど冬のこと。冠高原はスキー場として名高いところだった。

やがて、そこに着いたぼくは、胸をワクワクさせながら、斜面を滑った。もちろん初めは転んでばかりいたけど、すぐに滑れるようになった。うれしくてたまらず、スキーに熱中していると、あたりは夜になっていた。

「いけねえ、遊びすぎた」

大いそぎでバスの発着所へ行ったら、最終バスはとっくに出た後だった。寒さが急にきびしくなってくるし、家に帰りたくても帰ることもできない。

それにお腹もグウグウ鳴ってきた。そのときはほんとうに凍死しちゃうと思った。仕方がないのでロッジにもぐり込んでその夜は寝た。

一方、広島の家では大騒ぎをしていた。

小学校1年生のぼくが、まさかひとりで、スキーに出かけたとは知らないから、てっきり誘拐されたと思ったんだ。

警察へは捜索願を出すやら大騒ぎ。でもぼくはその頃、疲れが出てロッジの隅っこでグウグウ高イビキをかいていた。

ぼくが、警官に発見されたのは、翌日のこと。こうしてやっと家に帰ることができたのだけど、

「タッちゃん、あなたっていう人は、なんでひとりでスキーなんかに出かけたの！」

両親は、ぼくの無鉄砲さにあきれた。そんな両親に向かって、ぼくはせき込んでいった。

「早く、御飯！　お腹すいちゃったよ」

話を中学時代にもどそう。

中学に入ってもガキ大将となったぼくは、中1の夏休み前、友達と河辺《かべ》というところへキャ

ンプへ行く約束をした。

計画したのはガキ大将のぼくで、仲間はみんなで8人。河辺までは自転車で4時間の距離。ぼく達は朝6時に、広島駅前に集合する約束をした。

「木本、キャンプってそんなに楽しいの？」

「楽しいさ。お前なんか楽しすぎて、家になんか帰りたくなくなっちゃうよ」

「へえ、楽しそうだなあ」

みんな瞳をかがやかせた。

みんなはなんとなくぼくを頼りにしてくる。ほんとうをいうと、キャンプはぼくも初めてだった。

でも「楽しいぞ」といってしまった手前、ベテランらしい顔をしていた。なにしろぼくはリーダーだったから、威厳を保つ必要があったのだ——。翌朝6時、広島駅の前にみんな自転車に乗って集まった。

ところがいつまで待っても、ひとりだけ来ない。しかもその友達が今日のキャンプで使う、飯盒《はんごう》やテントを持っているのだ。

「どうしたんだ、あいつ」

「約束したのに、守らないなんて、許せないぞ」

みんなは口々にいった。

「おい、そんなに悪口いうのはよせ。今にきっとくるさ」

騒ぐみんなをたしなめながら、ぼくの胸のなかにも怒りが次第にこみあげてきた。

今、考えてもよく待ったと思うのだが、そのとき結局、駅前で三時間も待ち続けたのだ。それでもその友達はこなかった。

「約束を破ったあいつが許せない！」

ぼくはついに怒りを爆発させた。そして「みんなこい！」と全員をひき連れて、その友達の家へ自転車で駆けつけた。友達は青い顔をして家で寝ていた。前夜から急にからだの具合が悪くなったというのだ。

それを聞いてぼくの怒りは、やっとおさまった。その日はキャンプを中止して、みんなと一緒にプールへ泳ぎに行った。

ぼくは今でも理由もなく約束を破るやつに、激しい怒りをおぼえる。その友達は急病になったのだから仕方がないけれど……。

かなしみのかたまりは

さよならってことばが
いつもうまくいえなくて
あなたがさよならっていうと
うんとうなづいてしまうぼく

こんにちわってことばなら
なんどでもいえるけど
あなたがさよならっていうと
かなしみのかたまりになるぼく

喧嘩Ⅱ

ガキ大将だったから、喧嘩はよくやった。

男の子の世界で喧嘩が強いというのは、一種の勲章のようなものだ。家がいくら金持ちでも、そんなことは男の子の世界では、勲章的な価値は持たない。

喧嘩に勝つと急に英雄になってしまったような気持ちになる。妙にすがすがしい風が、胸のなかを流れていく。

無鉄砲でいたずらのガキ大将のぼくだったが、これだけは今も自慢し、誇れるのは絶対に弱い者いじめをしなかったということだ。いつもワルを相手に喧嘩した。それだからこそ、そいつに勝ったときはサッパリした気分になれた。

こんなぼくだったから、ワルにいじめられるとそいつはきまってぼくのところに、泣きべそをかきながらとんできて、

「木本、あいつがいじめるんだよ。なんとかしてくれ――」

と訴えてきた。

そんなときぼくは、ガキ大将の誇りをもって、

「よし、まかせておけーー」
さっそうと肩で風を切って、ワルのところへ乗り込んで行くのだった。

小学校

尾長小学校

思い出

小学校4年のとき、ぼくは広島中央ジャズスクールに通って、ドラムを勉強した。ちょうどブルコメやスパイダースなど、第一期GS黄金時代の幕開きの頃で、龍寿にいさんと兄の友達の丸山さんの3人で、ぼくらのバンドを作ろうと相談がまとまった。

相談はまとまったものの楽器をそろえる資金がない。

「ぼくたちは、貧しいコジキと同じだ。でもなんとかやろう」

と笑いあった。

そんなところからバンドの名称を『ベガーズ（コジキたち）』とつけた。ぼくは家の手伝いをさせてもらって、こずかいをもらい、おんぼろのベースを手にいれ、やがて龍寿にいさん達とジャズ・スクールで猛レッスンに励んだ。

でもそんなオンボロ楽器では、ちゃんとしたバンドは作れないことがわかった。

「どうする、にいちゃん？」

「おれ達のバンドは、おれ達の力で作らなければ、意味はない。バイトをやるんだ、バイトを――」

さすがににいさんだ。すぐに牛乳配達のアルバイトをみつけてきた。3人は毎朝早く、牛乳配達をやった。

そして給料をもらうと3人そろって貯金した。

おかげで半年後には、エレキギター2本と、ドラムを買うことができた。真新しい楽器を手にもったときの感触と、胸につきあげてくる喜びったらなかった。

「さっそく、レッスンをやろう」

と、家の2階で楽器を手にして音楽のレッスンを開始した。

ビューン、ワーン

ポンポン、ドンドン、ドドドド、ジャン！

音のものすごさといったらなかった。

たちまち近所の人から「うるさい」と苦情が舞い込んで大騒ぎになってしまった。

そこでみんなは外に音がもれないよう、アンプの音をしぼったり、ドラムの上にふとんをかぶせたりして、ビートルズやベンチャーズの曲を特訓につぐ特訓。

ついにどんな曲でも演奏できるバンドに成長したのだ。

『ベガーズ』は中学校でものすごい人気だった。学生時代も今も、およそ女の子に縁がないぼくが、ある女の子に声をかけられたのもその頃。その人は、おなじ中学の上級生の女の子で、ある日、

「木本君って、バンドやっているんですってね」

と、笑顔で話しかけてきたのだ。

ぼくは「そうだよ」とぶっきらぼうにいって、その場を離れた。

あとで友達がこういった。

「あの女の子、きっと木本が好きなんだよ」

でもあとにも先にも、その女の子が声をかけてきたのは、そのときだけ。ぼくは女の子よりもバンドのことで夢中だった。

高校

山陽高校・商業科

思い出

ぼくの背が、急にのび出したのは、高校に入ってからだ。

なにしろスポーツと名のつくところには、みんな籍を置いた。

バスケットボール、サッカー、剣道、バレーボール、そしてヨット。なかでも大好きな海を

滑るように帆走するヨットは大好きだった。

夏はいいけど、冬はとってもつらかった。

凍るような冬の海の上で、帆走の特訓だ。ちょっとでも操作を誤ったらさいご、ヨットはゴロンと横転して、海のなかへ投げ出されてしまう。こうなったら歯をガチガチさせて、泳ぎながら舟を、港までひっぱってこなければならないのだ。

しかもその港ではこわい先輩が、肩をいからして、ヨットの操作を誤り、ヨットを横転ひっくり返した後輩に、鉄拳の制裁を加えようと待ちかまえているのだ。


高校に入ってもぼくは、ガキ大将的な存在だった。といってもいつも「おい、こら」といばっているわけではない。

普段は普通の生徒とかわらない。だが、高校に入ってもかわらなかったのは、相変わらずワルにいじめられた友達が、ぼくを頼ってくることだった。

高校のワルは泣く子も黙るといわれた番長だ。高校生ともなれば、大人と同じくらいの身長と体格をもっているやつがゴロゴロといる。

その日も、ひとりの友達が学生服をボロボロに破かれ、顔を傷だらけにしてぼくのところへ駆け込んできた。

「木本、助けてくれ、番長のやつが、お前の歩き方はなまいきだって、いきなり殴ったんだ」

「なにィ、歩き方がなまいきだって！　ふざけたやつだ。よし今からいってぶっとばしてやる」

「でも相手は番長だよ」

「番長だろうと、ガチョウだろうと、弱い者いじめするやつは放っとけないんだ。そいつをトイレのところで待たせておけ」

ぼくはいった。そして頃合いをみはからって、指定した学校のトイレへ行った。

トイレがズラリと並んでいる手洗い場へ入った瞬間、「しまった！」と思った。

そこに目つきの鋭い番長達が、15人も集まって、ぼくの来るのを待ちかまえていたのだ。

相手は名だたる番長連盟。こっちはぼくが1人だ。

でもこんなところでひきさがったら、タッちゃんの名がすたる。正義を男の子の宝として、今まで守ってきたぼくの誇りが許さない。

ぼくは負けるものかと、ぐんと胸をそらしていった。

「お前達、弱い者にしか威張れないのか！」

「な、なんだと――！」

途端に15人の番長の顔が兇悪なものに一変した。

「もう一度いってやる。お前達はまじめでおとなしいやつばかりを殴ったりして、英雄気取りでいるんだ。そんなことは、勇気のあるやつのやることじゃない。男のくずだっ！」

「言ったな、やろう！」

目の前の大きな番長が、ばーんと鉄拳をくり出してきた。そいつの鉄拳を顔を倒してよけたとき、横あいからものすごいキックがのびてきて、ぼくの腹にくい込んだ。うっといってぼくはからだを折りまげながらも、目の前のやつの足を、両手でひったくっていた。

「うわっ」

目の前の番長が、仰向けにひっくりかえった。やったと思ったとき、後頭部にものすごい衝撃をうけた。横にいた番長が、殴ったのだ。急にくらくらっとめまいがした。

あとはもう覚えていない。殴ったり蹴られたり、気が付いたときぼくは手洗い場で長々とのびていた。

番長達は引揚げて行った後だった。

「き、木本、大丈夫か――」

心配した友達が数人駆け寄ってきた。

からだの方々がズキズキと痛い。やっとからだを起こして、手洗い場の鏡でみたとき、ありゃーと思った。これが自分の顔かと思うほど、腫れて変型していた。おでこや鼻、ホッペタに血がにじんでいた。

その日、家に帰ったぼくは、家の者にわからないように自分の部屋に駆け込んだ。

ホッペタをぬれタオルで冷しながら、

（くそ、この仇はきっと討ってやるぞ）

と、煮えくりかえる胸のなかで叫びつづけていた。

なるべく家の者にわからないようにと気を配っていたのに、その夜、にいさんにみつかってしまった。

「タッちゃん、どうしたんだその顔——」

「な、なんでもないよ」

「ばかをいうな、いってみろ、タッちゃん」

ふたつ年上のにいさんは高3だった。

「わかったぞ、番長にやられたんだろう。ようし、にいさんがお前のかたきを討ってやるぞ」

ぼくのこととなると、自分を犠牲にしてもやってくれる、やさしいにいさんがそういった。

だがこんなことで、にいさんの手をわずらわしたくはない。

「にいさん、これはぼくと番長の問題だ。自分のことは、自分で解決する。だから心配しないでくれよ。にいさんの気持ちは、うれしいけど、こればっかりはぼくひとりで解決してみせるよ」

その翌日、ぼくはバンソウコだらけの顔で学校へいくと、放課後、バットを持つと教室を出た。そのぼくの姿をみて、仲間が15人後を追ってきた。

「木本、番長をやっつけに行くんだろう。おれ達も行くぜ」

男の友情ほどありがたいものはない。昨日はひとりだったが、今日は仲間がいる。

ぼくは、番長達が、いつも放課後集まっている教室へ向かった。

大体、男子高というのは、ばんじにつけて荒っぽい。殴られたら殴り返す喧嘩などは、日常茶飯事の出来事なのだ。それにぼくの高校は、職員室が離れたところにあるから、先生に気付かれるということはない。

やがてぼくは番長連盟の教室の前に立った。

喧嘩というのはいつの場合もそうだが、機先を制した者が必ず勝つ。

そのときもぼくは、ガラっと教室の戸を開けると、そこにいた10人の番長達が、びっくりして一言も発しない前に、ものすごい大声をあげた。

「昨日はずいぶんかわいがってくれたな。今日は、そのお礼にやってきたんだっ！」

そういうやいなやバットをビュンビュン、水車のようにふりまわして、番長達につっかかっていった。

「そうだ、おれ達も木本の応援をする!」

背後から15人の仲間が叫びながら、教室に乱入した。

「お、おい、危ない、や、やめろ!」

「やめろってば――」

昨日の勢いはどこへやら、番長達は悲鳴をあげて、教室の隅にかたまった。

「このやろう、ばっかやろう」

ぼくは思う存分ぶっとばした。昨日の借りを充分返した。

でも喧嘩でいちばん大切なのは、後くされのないような終わり方をすることだ。

いつまでも遺恨をのこしたり、わだかまりをのこしてはいけない。

殴ってもいい、殴られてもいい、その後でさっぱりとした終わり方をして、もうその相手とは、二度といさかいを起こさない。そして逆に仲よくなるような終わり方をするのが男のほんとうの喧嘩だ。

番長相手とやった喧嘩でも、ぼくは喧嘩が終わると、

「さあ、もうこれで今までのことは、きれいさっぱり水に流そうぜ」

と、お互いに誓い合った。

後の祭

鮮血がほと走り
ぼくは胸をかかえてうずくまる
痛みは心臓の鼓動に応え
ズキズキと規則正しい

とうとうこんなざまに……
笑おうとしても
頬の筋肉は凍りついて
声さえも出ない

母さんごめんなさい
心の中のつぶやきは
いつまでもそのセリフだけ
こわれてしまったテレコみたいだ

焼けつくような痛みが
先刻のナイフのきらめきを呼び起こし
やっぱりまともな生きざまは
などと思っても後の祭

別れ＝

ぼくが別れのつらさを味わったのは、広島の家を出て、歌手になるために東京に向かったときだ。

そのときぼくは、両親の愛情を知った。

そばにいれば気付かないのが、両親の愛情だ。その両親の愛情が家を出るとき、次のような熱さで胸に迫ってきた。

豪放な父、やさしい母、——その強い愛の絆を断ち切ることが、どんなにつらいことかが家を出るときにわかったのだ。


小さいときから反逆精神が旺盛だったのは、父の血を受け継いだせいかも知れない。

父はぼくを大学へ進学させて、にいさんと一緒に事業家の道を歩ませたがっていた。

家は広島市でパチンコ店をやり、母は洋装店を開いていた。

だが父のそんな思惑とは別に、ぼくはバンドに熱中していた。

その頃『ベガーズ』は『ジプシー』という名称にかわり、メンバーもふえていた。ぼくはドラムと歌にうち込み、ベンチャーズのナンバーやサンタナなどを演奏。レパートリーもひろがっていた。そして〝パンチ〟というジャズ喫茶に出演していたのだ。

そんなある日、東京からきた芸能マネージャーに声をかけられた。この人を呼んだのはにいさんの友達の藤本さんだった。ぼくはマネージャーの目にとまり、「東京にきて本格的に、歌手の勉強をやってみないか」と誘われた。さすがに心が揺れた。

確かに歌は大好きだった。それにすべてを賭けても悔いはない。

(だがぼくには両親がいる。兄もいる。それに学校だってある――)

かといってこのチャンスを逃したら、二度とこんな機会はめぐってこないかも知れない。

(どうしたらいいんだ。どうしたら……)

歌手、上京、両親、兄、学校、友達……。

ぼくのまわりにあるありとあらゆるものが、渦をまいた。その渦の中心でぼくは悩みぬいた。迷いぬいた。そしてついに思いあまってにいさんに相談してみた。にいさんはぼくの気持ちをいちばんよく理解してくれた。

「やってみろよ、タッちゃん、人間、命がけでやればきっと成功する。歌手を目指して、東京へ行って頑張ってみろよ」

にいさんのこの言葉は、ぼくに力強い励ましとなった。

ところがぼくの上京が、両親に知れてしまったのだ。

「そんな勝手なマネは、絶対にわしが許さん」

父は顔をまっ赤にして反対した。

いくらぼくがいっても、頑として許してくれなかった。それどころかぼくがひとりで家をとび出すといけないというので、2階の部屋に閉じ込めてしまったのだ。

そんなにまでする両親の気持ちが、わからないわけではない。でも「あのときひと思いに上京していればよかった」という後悔を、一生もちたくはなかったのだ。一度きめた自分の生き方を変えたくなかった。

ちょうど監禁3日目の夜。

ぼくはわずかのすきを盗んで、2階の窓から外へ脱出することに成功した。

月の光りを浴びて建つわが家。

その家のなかには、ぼくの脱出を知らない父と母、兄がいる。

(とうさん、かあさん、にいさん、ごめんよ。でもぼくは東京へ行く。そして歌手をめざして一生懸命、頑張るよ。ぼくのわがままを許してください！)

さすがに胸がじんとなった。

青春の旅立ちなどというカッコいいものではない。

両親の強い愛情を自分からふりきって、とび出した家出だった。

「ぼくはやってみせる、必ずやってみせる」と、強く胸のなかで叫びつづけながら、懐かしいふるさとと広島の街を、駅へ向かって走りつづけた。

ポケットにはわずかなお金と、マネージャーが書いていった東京の事務所の電話番号の紙きれが入っているだけだった。

（そうだ、大阪にいる姉さんにお金を借りて、東京へ行こう）

ぼくは夜行列車に乗って、大阪へ行った。

「タッちゃん、どうしたの」

大阪の姉さんの家に着いたとき、姉さんはびっくりしてぼくを見た。ぼくはそこで今までの事情を説明した。

そして3万円借りると、

「ありがとう、ねえさん。親父やおふくろが心配しているといけないから、ねえさんの口から話しといてね」

「タッちゃん、もしだめだったら、すぐ広島へ帰ってくるのよ。いいわね」

「わかっているよ。じゃあ、ねえさん――さようなら」

ぼくは手をあげると、再び、大阪の駅へ向かった。

上京

ぼくが東京に着いたのは、昭和46年10月4日——。

そのとき忘れられないのが迷子事件だ。

東京駅の赤電話で事務所に電話をかけて、道順を聞きタクシーに乗った。

事務所は目黒に在った。

だがタクシーが連れていってくれたのは、とんでもない見当違いのところ。

いつまでたっても目的の場所へ着かない。タクシーのメーターの数字が、カチカチあがる。

そのたびに、

(うわっ——うわっ！)

ぼくはポケットのなかのお金をさわっては、心細さにおそわれていた。

とうとうたまらなくなって、再び、事務所に電話をかけた。そして事務所の人に迎えにきてもらい、危うくぼくという迷子は救われた。ホッとしたときぼくは全身にびっしょり汗をかいていた。

別れ

横なぐりの雨が
窓を叩く
さっきまで
彼女を待ち続けた
同じ窓を

もうお終まいさ
ぼくはつぶやく
とうとう
その日がやってきた
別れの日が

電話のベルも

鳴りはしない
ひょっとして
事故だったのでは
そうも思う

雨が止み
ぼくはひとり
これから
街に出るには
光が強すぎる

涙Ⅱ

ぼくは今まで悲しくて泣いたことはない。男はめったに泣いたりなどしないものだと父に教わっていた。涙はめめしいものだという考えをぼくはもっていた。でも――。

悲しくて泣いたことはないが、くやしくて泣いたことはある。

上京してぼくは渋谷の目黒橋マンションで、当時まだ独身だった清水寿勝マネージャーと一緒に生活を始めた。事務所からは、

「坊やの生活をしばらくつづけてから、歌手の勉強をする」

といわれていた。ぼく自身もそんなに早くから、歌手の道を歩けるとは思っていなかった。このマンションというのが、変わった部屋で、部屋のかたちが三角形をしていた。

広島で自由気ままに暮らし、食べたいものがあればすぐに食べられ、わがままもいえた生活から、急変した歌手の卵の毎日は、さすがにつらくないとはいえなかった。

月、水、金は歌のレッスン、火、木、土は演技のレッスンにかよった。

夜、腹が減るとうどんをフライパンで炒めて、清水さんと食べた。このときおぼえた焼きう

どんは、今、ぼくのとくいの手料理の一つとなっている。

そしてぼくが初めて涙を流したのは、歌のレッスンのときなのだ。

「さあ、もう一度やって、アーアー　アー　はい」

先生がピアノを弾きながら、歌ってみせる。

「アー　アー　アー」

と、ぼくが歌う。

これが簡単なようでなかなかうまくいかない。

同じ音を出すということはとってもむずかしいのだ。先生はきびしい。一回でもまちがった音を出すと、

「ちがう！」

と、怒鳴る。

（しまった！）

ぼくは再びアーとやる。また音が少しずれる。

すると今度はたちまちカミナリが落ちるのだ。

「ちがう――！　何度いったらわかるんだ。帰れ、帰ってしまえ」

「……」

「なんだその目は——！　もう一度！」

「アー　アー」

「ちがうといったらわからんのか。帰れ、広島へ帰ってしまえ。へたくそ」

ぼろくそにいわれると、もちまえのきかん気の虫がさわぎだしてくる。

（そんなにひどいことといわなくたっていいだろう！　帰れっていったって、帰れないんだ）

先生に向かってそう叫びたい気持ちを、必死に押さえて
「すみません、もう一度お願いします」

そういってまたレッスン。でもやっているうちにまちがえると、

「帰れ、ばかやろう！」

と、先生が怒鳴りつけるのだ。

ぼくの腹わたは煮えくりかえってきた。その怒りは先生に対してではない。いくら頑張ってもうまくできない、自分自身に腹が立っていたのだ。

「先生、ちょっとトイレへ行かせてください」

ぼくはたまらなくなってトイレへととび込んだ。そして——

「ばかやろう、オレのばっかやろう！」

ぼくはうまくできない自分の頭をゲンコツでポカポカぶん殴った。その途端、どっと両方の

眼から熱い涙があふれてきた。くやし涙があふれてきた。トイレの鏡でみると涙で顔がくしゃくしゃになっていた。突然、眼の前に父の顔が浮かんできた。その父はぼくにこういっていた。

『帰ってこい、龍雄、帰ってくるんだ』

『いやだ、ぼくが泣いたのはレッスンがつらくて泣いたんじゃないぞ。未熟な自分に腹が立って泣いたんだ』

ぼくは父の幻影にそういうと、手洗い場の水道をひねり、涙にぬれた顔をジャブジャブ洗った。そして急いで顔をふくと、再び、先生の前に立って歌った。

先生は叱ってばかりはいなかった。

うまく歌ったときはホメてくれた。

「いいじゃないか。それだよ、それなんだよ。さあ、次にいこう」

「は、はい」

ぼくはうれしくてうれしくてニコニコした。今泣いたカラスがもう笑っていた。

こんな連続が半年間つづいた。その日、先生がいってくれた。

「よくやったな、坊や、半年間で坊やがやったレッスンは、二年分のレッスンなんだ。きつかったのは当り前なんだよ、坊や」

まだ芸名もついてなかったぼくを、先生は「坊や」と呼んだ。「坊や」と呼ばれることはとっても不服だった。でも半年で二年分のレッスンをやったという言葉は、うれしくてならなかった。このレッスンに通いながら、ぼくは毎晩、12階建ての目黒橋マンションの屋上に、夜、一人であがっては自分だけで、歌のレッスンをつづけていた。高い夜の屋上で深夜、星空の下で尾崎紀世彦さんのレパートリーなどを歌いつづけた。

季節はいつか11月になっていた。

冬の夜の屋上は、ホッペタがちぎれるように冷たく、寒風がビュービュー吹きなぐっていた。そのなかでしゃんと背をのばして歌うのだ。

(いくら冷たくても、寒くても、負けてたまるか――)

ぼくは歌いつづけた。

その11月の末、思ってもみなかったチャンスがやってきた。ぼくの歌をRCAのディレクター、ロビー和田さんがみとめてくれたのだ。そして12月に入ってまもなく、夢にまでみたデビュー曲の譜面を渡された。

その曲は『恋する季節』――!

「〝恋する季節〟――これは誰の曲でもない。ぼくの曲なんだ。ぼくの歌う歌なんだ」

ぼくはうれしさのあまり叫んだ。

12月のその日、東京は冬の淡い陽射しのなかに光っていた。ぼくはマンションに帰るとすぐに屋上にとび出した。淡い陽射しが急に春の明るい陽射しに変わってみえた。

ぼくは手に握りしめたデビュー曲の譜面をひらいた。

そしてたまらなくなって歌い出していた。はずむようなリズムのデビュー曲を……。

君と君と、ふたり
瞳を伏せながら……

歌っているうち、のどもとに熱い塊りがぐぐっとこみあげてきた。

（泣くもんかい、ばっかやろう、泣くもんかい）

そう思ったがだめだった。ぼくはしゃくりあげながら、歌っていた。うれし泣きをしながら歌っていた。

あれから三年――。
ぼくは今もあの当時のことを思い出す。そしてそのたびに気持ちを新たにする。ぼくはこれからもそれをぼく自身の励みとし、生きていく。歌手の一生は勉強なんだ。いろいろな苦しみを乗り越え、傷ついては立ちあがる。人間として、さまざまな試練に打ち勝ってこそ、本物の歌を歌えるんだ。どんな小さなことにも全力でぶつかっていこう。

苦あれば楽あり――。
ぼくの好きなことば。
そしてつねに人間らしく――。
ぼくのモットー。
両親、姉、兄――。
ぼくの好きな人。
最後に、西城秀樹――。
このぼく。

コーラ

ずっと昔に
コーラ色をした
風邪薬を飲まされた
ビンには目盛りがあり

コーラ色の液に
白いラベルが鮮やか

その頃は
とってもまずいと
顔をしかめたのに

いつからか
あの薬の味が懐かしく
つい憧れて

ある日突然
コカコーラ
あれ？　この味は

それから毎日

コーラコーラコーラ
ペプシもコーラ

ミッションコーラ
クラウンコーラ
ペップコーラ

第三章

郷愁

空Ⅱ

広島にいる頃、よく木に登っては空に向って「おーい」と呼んだ。高い木に登るとつい大きな声で、呼んでみたくなるのだ。

きっとそのときぼくは、空にぼくという存在を知ってほしいと思ったに違いない。

わんぱくで負けずぎらいで、そのくせ情にもろくて、弱いやつの味方をするのが好きな、そして無鉄砲で、勉強はあんまり好きじゃないけど、からだのじょうぶなことが自慢の――そんなぼくが、ここに生きているんだぞと、空に教えたかったんだ。そして大声をあげると、ぼくは「これでいいのダ」と、満足した。でもこの頃、ぼくは空を忘れている。あの青く澄んだ空を……。

夢II

カレーのCMを撮るときたくさんのこども達と共演した。撮影に入るとき、こども達はぼくに「今日わー」と、元気な声で挨拶をしてくれた。いいんだなあ、こどもってさ……その子たちをみているうち、ふっとぼくはこどもの頃のことを思い出した。ちょうど広島の立正幼稚園に入った頃だ。

当時、テレビで放送していた『スーパーマン』に、ぼくはすっかりあこがれた。マントをひるがえして空を飛ぶスーパーマンになりたかった。

この夢は、毎日、ぼくの胸のなかでひろがっていった。

そして、ついにぼくは、自分でスーパーマンをやってみようと決心した。

「マントをひるがえして、空を飛ぶんだ」

でも、そんなかっこうのマントなんて、家にあるわけがない。洋服屋へ行ったって、スーパーマンのマントなんて売っていない。

そこでぼくは、よく引っ越しのときに使う、大きな風呂敷を押入れの中からさがし出すと、それを首のところで結んでマントにした。

その当時、ぼくの父は運送店をやっていた。

だからトラックがいつも駐まっていた。

ぼくは家のトラックの上にはいあがると、両手をひろげて立った。そして――

「スーパーマンだーっ！」

と叫んで宙を飛んだ。

次の瞬間、地面に激突！　親父に「ばか者！」と叱られたけど、いまでもぼくはスーパーマンにあこがれているんだ。

パープ

ガハハハ……
酒はうまいもんなんだぜ
ガハハハ……
今日もいい酔い方だァ
ガハハハ……

パープって知ってるか
ガハハハ……
パープはプーパのことさ

なんだとォ
パープを知らないいって
おい　それは本気かい
こら　たいへんだァ

男は店主に驚いて
椅子から飛び上って
それからしばらくして
金を払わず表に飛び出した

パープってのはよォ
オヤジのことなんだぜ

男は走りながら
パープ　パープと叫んだ

縁日Ⅱ

人の集まりが好きで、だからお祭りというとまっ先にとび出して行きたくなっちゃうぼく。東京でいえば、下町育ちみたいなところが、ぼくにはあるらしい。

二葉中学時代は、友達とバンドを作っていたから、お祭りのときなんかは、「タッちゃん、頼む」と、町内会の人に頼まれて出演した。出れば中学生のぼく達にも、お酒がふるまわれる。

なにごとにも好奇心が旺盛な年頃だから、

「いただきます」

と冷や酒をガブ飲みしちゃう。もちろんたちまち酔いがまわる。でも今日はお祭りだ。いっさいが無礼講。

ぼくらバンドの仲間は、みんな仁王様みたいなまっ赤な顔をして――そして、またそれが得意で、

「今度はおみこしだ！」

そういっておみこしをかついだ。

ワッショイ、ワッショイ。

みんなで街中をねり歩いているとき、

「こら、そっちへ行ってはいかん――」

警官が注意した。

よせばいいのにぼくは、その警官にこういった。

「本官を、不審尋問するのか！」

「わあーっ、いいぞ、タッちゃん」

仲間がはやしたてた。楽しかった。そして周囲のものすべてが、にぎやかで華やかだった。

祭り太鼓の音と、愉快なお神楽。

夜になればアセチレン灯の下で店を出す金魚釣り、わた菓子屋、ゴム風船……。そのひとつひとつに故郷の香りがある。

先生II

　ぼくが「先生」と呼ぶ人のなかには、ほんとうの「先生」でない人もなん人かいる。でもぼくになにかを与え教えてくれる人は、ぼくにとってみんな「先生」なんだ。

　そのなかでも強く印象にのこっているのは、広島の長尾小学校時代一、二年の担任だった、川本百合子先生だ。小学生の頃、ぼくはしょっちゅう宿題をやっていなかった。忘れていったのではなく、やっていかなかったんだ。

「ごめんなさい、先生」

　ぼくが謝ると、

「どうしたの木本君、宿題をやるの、忘れたんでしょう」

　先生はやさしくたずねた。

　そんなときぼくは、とっても不満だった。

「忘れたんじゃありません。宿題があるのは、おぼえていました」

「それなのに、なぜ……」

「だめなんです。どうしても、家で宿題をやる気にならないんです。だから忘れてやらなかったんじゃありません。ほんとうです」

「仕様のない人ね。今度は、忘れないよう――いえ、やらなければいけないと思ったら、やってくるのよ」

先生はそういって、ほほえんだ。

やさしい――ほんとうにやさしい先生。

いま考えると、ぼくがへんな理由をつけて、宿題をやらなかったのは、川本先生に甘えていたのかも知れない。

先生、ほんとうにゴメンナサイ。

冒険II

人がシリ込むような危険なところがあると、自分がまっさきにその危険なものに、挑戦したくなる。

ぼくがまだ小学校5年のときだ。

家の近くに荒神陸橋があった。この陸橋のおよそ30メートル下を、国鉄、山陽本線が走っている。

ぼくが目をつけたのは、その陸橋の橋の手すりだ。

「あの手すりの上を、歩いてみせようか」

学校の帰り、ぼくは仲間にいった。

ぼくはカバンを友達に渡すと、ぴょんと手すりの上にとびのった。その当時のぼくはチビで身軽な少年だった。

「そうら、歩くぞー」

ぼくは両手を水平にひろげ、手すりの上を歩き出した。

30メートル下から冷たい風が、吹きあげてくる。

ゴォーッと轟音をあげて、その30メートル下の鉄路を、汽車が疾駆した。

「や、やめてー！」

一緒にいた女の子たちが叫んだ。でもぼくは得意だった。恐怖は感じなかった。みごと橋の手すりを歩き終えた。

「す、すげえな、タッちゃん！」

みんなの驚きの声を聞いて、ぼくは英雄になったような思いがした。この冒険は、それからなんどもやった。

だがある日、ついに警官にみつかりものすごく叱られてこの冒険は終わった。今でも街の歩道橋をみるとそのときのことを思い出す。

少年の日のあの胸をしめつけた緊張感と、それをやり終えたときの充実感、そしてあの太陽の輝き――！

友達Ⅱ

まだ小学生の頃、ある日、ぼくは教室で友達と喧嘩をした。消しゴムを取ったの取らないのという、つまらないことが喧嘩の原因だった。

作文の時間、そのことを一篇の詩につづった。

「キミの気持ちが、とても素直に表現されているぞ」

先生がホメてくれた。

この「喧嘩」と題した詩のことが、いつか広島テレビの人の耳に入って、ぼくはテレビの『子どもテレビホール』という番組で、朗読することになったんだ。

いま考えれば、これがぼくのテレビ初出演だったわけ。

さすがにマイクとテレビカメラの前で、自作の詩を朗読するとなると、緊張した。心臓だってドキドキだ。

それよりもまちがえずに、うまく朗読できるかどうか心配だった。

前の日、ぼくは家で何回も朗読のけいこをやった。

やがて、当日、ぼくは胸をはってテレビカメラの前に立った。どんなふうに書いたのか、いまはもう忘れてしまったけど、内容は憶えている。

消しゴムのことで喧嘩した。喧嘩はよくない。

「ゴメンネ」

とぼくがいったら、友達も、

「ゴメンネ」

といった。なんだか気持ちが、すうっとした……そんなことを書いたみたいだ。ぼくは大きな声で、一心に朗読をした。終わったときは、なんだか胸がじんとした。

「よかったぞ、木本、とってもよかったぞ」

先生がほめてくれた。よく喧嘩をやったぼくだが、このときの喧嘩の詩は、いまもはっきり憶えている。

第四章 愛

初恋Ⅱ

〝人が心から恋するのはただ一度だけ。それが初恋である〟

――ラ・プリュイエール

ぼくの少年時代は、喧嘩とスポーツに明け暮れていた。いつも体を動かしていなければ気がすまない、どうしようもないヤンチャ坊主だった。そんなぼくにも、ある日突然大きな変化が起きた。それはぼくにとって初めての経験で、大きな意味を持つものだった。

小学校6年生のときのことだった。クラブ委員に選ばれたM子さんの存在が、ぼくの心の中で非常に大きなものになってしまったのだ。それは、ヤンチャ坊主のぼく自身、想像もできなかったでき事だった。

M子さんの夏の光に反射してキラキラ光る水面にも似た黒い瞳、艶のある長い黒髪、端正な色白の顔は、ぼくの心の中に強烈に焼きついてしまったのだ。

何年も近くにいながら、さして意識していなかったM子さんの存在が、急激に大きくなったことは、今でもぼくはどうしてか分らない。それも、いつも泥だらけになっていたヤンチャ坊主のぼくが……。

でも、初恋とは、このように予期せぬものなのだろう。

ぼくはM子さんと何とか話をしたいと思っていた。同じクラスの女の子だし、そのチャンスはいくらでもあった。実際、ぼくとM子さんとは何度も向かい合うことがあった。

でも、そのたびになぜか胸が重苦しくなってしまい、話をしたいという意志は十分あるのに、言葉が出なくなってしまうのだった。あせればあせるほど、胸の中が重苦しくなる一方だった。しとやかで可愛いクラス委員の女の子と、クラスでも有数な暴れん坊の男の子、どう考えてもつり合いがとれない。子供心にこんなことを感じていたのかもしれない。だから、話をしたいと思っても切り出すことができず、自分だけ重苦しい気持になっていたのだろう。

結局ぼくのやってのけられることはひとつしかなかった。仲間の男の子たちと一緒に、暴れ回ることだ。それも、M子さんの目の前でやらかすことが多かった。これしかぼくには表現方法はなかったのだ。無意識のうちに、こんなことをやって、M子さんに認めてもらいたい、という思惑があったに違いない。

でも、ぼくの思いを彼女は察してはくれなかった。いや、察してくれ、というのが無理な相談だったのかもしれない。勉強のよくできる、人気者のM子さんの眼には、ぼくはヤンチャな暴れん坊としか映らなかったのだろう。

ぼくは、このときほど自分のバンカラさをうらめしく思ったことはない。とはいっても自分の性格や行動を一朝一夕に変えることはできない。ぼくの胸の中には、いよいよ重苦しいものがたちこめた。

その頃、ぼくは兄さんたちと『べガーズ』というバンドを結成した。ぼくの担当はドラムだった。ぼくは、狂ったようにドラムに打ち込んだ。あたかも、自分のかなえられない思いを二本のスティックにたたくすかのように。

ある日、図工の時間に、学校の近くにある比治山公園へクラス全員で写生に出かけた。この公園は、広島市の東部の臥虎山（がこさん）と呼ばれる小さな丘の上にある。

丘の上に登ると、広島の市街が一望のもとに見ることができ、その景色は非常に美しいものだ。この美しい展望をぼくは今も忘れることはできない。

季節は初夏だった。爽やかな風をほおに受けながら、スケッチ・ブックを手にもったぼくたちは丘を登っていった。

ふと見ると、ぼくの目の前に、M子さんが女の子たちとニコニコと楽しげに話しをしながら歩いていた。その笑みを浮かべた横顔を見たとき、ぼくの胸はキューーッとしめつけられた。

そして、ゆっくりと傾斜した丘陵を歩くM子さんの白いソックスが、初夏の日差しに映えて、やけにまぶしく見えたことを、今でもぼくはハッキリときのうのことのように憶えている。優しい風が、公園の茂みをサラサラとゆすっていた。そして、かぐわしい緑の匂いが、ぼくの胸をしめつけた。

丘の頂上に着いて写生を始めるとき、ぼくはわざわざM子さんのいる場所からかなり離れた場所を選んだ。どうして好きな女の子をそのように避けるのか、自分でも不思議だった。別に意識してのことではなかったと思う。でも正直いって、M子さんの近くにいることを怖れていたのかもしれない。それほどM子さんの存在は、ぼくにとって大きなものだったのだろう。

とはいっても、こういう無意識の行動とはウラハラに、M子さんへの思いは大きくなるばかりだった。スケッチ・ブックに、４Ｂのエンピツを走らせているときも、ぼくの目の前には景色よりも、さっき見たM子さんの白いソックスがちらついて離れなかったのだ。

こんなふうにして描いた絵が、先生から大いにほめられ、教室に貼り出されたのだ。ぼくは内心とくいだった。これでやっとM子さんに誇れるものができた、と思った。貼り出されたぼくの絵を見て、M子さんはどう感じたろうと、ぼくは心をおどらせていたのだった。

やがて、ぼくは小学校を卒業し、二葉中学に進学した。ところが、思いもかけない、うれしい事が起きた。

何とM子さんが同じ中学に進学して来たのだ。大好きなM子さんと三年間も、同じ学校で学べると思うと、ぼくの心はおどった。

「よし、がんばって勉強しよう。そして何とかしてM子さんに認められるような中学生になるんだ」

入学式の祝辞を聞きながら、ぼくは心の中で誓った。

しかし、フタを開けてみると、ぼくは小学生の頃とちっとも変わらなかった。相変わらず、ガキ大将の毎日だった。

いつも、何人もの仲間にとり囲まれていた。お祭りになると、一の一番にとび出して行き、おみこしをかついだり、太鼓を叩いたりしたものだ。そして、学校の文化祭では、バンド演奏をかって出た。

このように、しじゅう体を動かしていなくてはいられないぼくのような男の子の世界を、いわゆる模範生のM子さんは受け入れられなかったに違いない。

外で何かをしているときが、ぼくは一番楽しかった。性格なのだろう、何もかも忘れて打ち込むことができるのだ。まがりなりにも、歌手としての現在のぼくがあるのは、こういう性格だと思っている。

しかし、淡い初恋をするには向いていない性格なのかもしれない。実際、自分の部屋の窓に

腰をかけ、夕陽を眺めながらM子さんのことに思いをはせているときなんか、

「何でオレは落ち着いていられないんだろう。こんなことしてたら、M子さんに思いを打ち明けられないなあ」

などと思いながら、ため息をつくこともたびたびあった。

もう一つ悪いことに、ぼくは遅刻の常習犯だった。中学に通うようになったら、ぼくは朝が大の苦手になってしまった。ぼくたちの中学では、毎朝一時間目が終わると、こらしめのためだろう、遅刻した生徒の名前を放送した。

「2年C組……」

ここまでスピーカーから流れると、クラスのみんなが、

「木本だ」

とニヤニヤしながらぼくの顔を見るのだ。遅刻といっても、ほんのちょっとのものだったけれど、遅刻に変わりはなかった。

M子さんのことが好きで好きでしかたなかった。でも、ぼくのとる行動といえば、彼女のマユをひそめさせるようなことばかりだった。

こんなことをしているうちに、三年間の月日があっという間に過ぎ去ってしまった。ぼくは、ついにM子さんに自分の心を打ち明けられぬまま卒業式を迎えてしまった。

卒業式の日は、何ともふっきれないブルーな気持だった。

式が終わると、卒業生がみんな校庭に出て行った。

「さようなら、高校へ行ってもお友達でいましょうね」

M子さんは、何人かの男の子と別れの握手をかわし合っていた。しかし、M子さんの右手は、ついにぼくに向かっては差しのべられなかった。ぼくは校庭に茫然として突っ立ったまま、M子さんの笑顔を眺めていた。

やわらかな春の光をいっぱいに浴びながら、やがてM子さんは何人かの男の子と校門へ向かって歩き出した。このときも、M子さんの白いソックスは、ぼくの目にまぶしかった。このまぶしさに耐えながら、ぼくはM子さんの姿を校門から出て行くまで追っていた。

「さようなら、M子さん」

ぼくはM子さんの去って行った校門に向かって小声でいった。

「M子さん」と彼女の名前を口に出したのはこのときが初めてだった。そして最後だった。

このとき、M子さんを好きになってからのことが、走馬灯のように想い出された。

「さようなら、M子さん」

もう一度ぼくは呟いた。

この呟きと同時に、ぼくの淡い初恋は終わりを告げた。一度たりとも言葉をかわすことのなかった初恋だった。

　君の清らかな風の流れる校庭に立って、ぼくは今日で別れる懐かしい校舎を見つめた。その校舎の中に、笑みをたたえたM子さんがいるように思えてならなかった。

白い花

白い花のブーケを
まるで宝物のように
大事に抱えた少女が
向うから歩いてくる

白い花の名を
ぼくは知らないのに
その少女のことも
以前から知っている気がした

彼女とすれ違う時
花の香りが辺りに漂い
これなんだなァと
忘れていたものを思い出した

ぼくの部屋に
花は生けられない
水をやる人がいないから
ぼくの旅は長すぎるから

ぼくは立ち止まり
白い花の残り香をかぐ
目を閉じてうっとりと
あの少女を想いながら

友情II

〝魂はふたつの目を持っている。ひとつは時間のなかを眺める目であり、もうひとつの目は永遠にまでとどく〟

——シレンジウス

今でもときどき、あのいまわしい夢を見てしまう。

人間って、思い出したくないことがあると、それは夢の中に現われてくるみたいだ。消そう、消そうとすると、いっそう心の奥深くに入りこんでいくためかもしれない。

ぼくのよく見る夢のストーリーは非常に怖ろしいものだ。

ひとりの若者が、ナナハンのオートバイをすっとばしている。彼はオートバイを、あたかも自分の体の一部のように自由自在にあやつり、右へ左へと方向を変えながら走っているのだ。

ぼくは、その様子を眺めているのだ。そのうちに、ぼくの心の中で不安がだんだん大きくなってゆく。

そしてぼくは叫ぶ。

――止めろ！　早くオートバイを止めろ！

しかし、彼はぼくのいうことをきかないのだ。ただ、ぼくの方をチラッと眺め、白い歯を出してほほえむだけだ。ぼくが叫べば叫ぶほど、彼はますますオートバイのスピードをあげるのだ。

次の瞬間、その若者の前に、大きなコンクリートの壁が立ちふさがる。

――危ない！

ぼくの叫び声と同時に、オートバイはコンクリートの壁に激突する。オートバイの部品が飛び散り、メラメラと音をたてながらふきあげる炎。

そして、そのそばには、はねとばされた若者の死体がころがっている。

ぼくは、若者の死体のところにかけ寄る。そして、若者の死体をゆすりながら、

――どうしてオレのいうことをきかなかったんだ！　どうしてなんだ！

と、ぼくは叫び続けているのだ。

ここで、たいがいぼくは悪夢から解放される。このとき、ぼくはグッショリと油汗をかいてしまっているのだ。

目がさめて、ぼくの体は小刻みに震えている。ぼくにとって、この夢はそれほど怖ろしい夢なのだ。

人間は必ず〝死〟という永遠の別れに接しなければならない。ぼくが初めて接した死は、小さな鳥の死だった。

小学校の頃、縁日で買ってきたヒヨコが、次の日には死んでしまったのだ。目を閉じて冷たくなってしまっているヒヨコを見たとき、ぼくは泣きじゃくってしまった。

ヒヨコの死骸を庭に埋めてやるとき、ぼくは何ともいえない怒りを感じた。子供心にも、ぼくはこの可愛らしいヒヨコの生命を奪ったものへの怒りだったのだろう。どこにもぶつけることのできない怒りで体が震えていたのを、今でもハッキリとぼくは憶えている。

「今度こそ、育ててみせる」

ぼくは心に誓った。そして、ぼくはまた縁日でヒヨコを買った。

今度は、育てるためにいろいろなことをした。電気ゴタツでヒヨコを暖めてやったりもした。しかし、買ってきたヒヨコの何羽かは死んでしまった。そのたびに、ぼくは涙を流し、そして怒りを覚えた。

それでも、生き残ったヒヨコは立派に育って、一人前のニワトリに成長した。ぼくは大きな満足感を覚えた。このニワトリは、ぼくにすっかりなつき、ぼくが学校から帰ってくると、足音を聞きつけただけで、コケコケと鳴きながら、駆け寄ってきた。

ぼくは、このニワトリがいとおしくていとおしくてたまらなかった。それと同時に、ぼくは

〝死〟にうち勝った。このニワトリを誇り高く感じたものだ。生命の尊さを、実感として受けとめたような気がした。

ぼくが死を憎むのは、死は〝存在〟を奪ってしまうからだ。生命をもって、存在することほど尊いものはないだろう、とぼくは思っている。

中学から高校にかけて、ぼくはとにかくよく喧嘩をした。ぼくからしかけたり、相手からしかけられたり、その原因は様々だった。

今考えてみると、この年頃というのは、ちょうど自意識を抱きはじめる。だから、ぼくも他の連中も、自分の存在を強く確認したいがために喧嘩をしたんじゃないか、と思う。

何もかも忘れ去って殴り合う。そして傷だらけになる。そのときの傷の痛みが、自分の存在感を強く確認させてくれるのだ。そして、若者は、生きているという実感を持つのだろう。

喧嘩で殴り合うということは、若者の熱い血潮同士のぶつかり合いだ。そしてお互いの血が通い合うことになる。だからこそ、ぼくは喧嘩から友情が生まれる、と思うのだ。

「キミの名前は？」

といった会話から始まるようなまどろっこしいつき合いよりも、気にくわなかったらすぐ喧嘩をおっぱじめる。それからお互いに理解を深めてゆくのだ。少々荒っぽいかもしれないけれど、この方がよっぽど早く友情ができあがるはずだ。

こういうことは『寺内貫太郎一家』のオヤジと子供との関係と同じことだと思うんだ。あのオヤジは、自分のことを子供に分ってもらいたくってたまらないけど、それを表現する方法が見当らないわけだ。そこで、てっとり早い表現法として、殴るのだ。

ぼくと親友のU君との間がらも、喧嘩で始まった。そして、急速に仲よくなったのだ。中学生の頃、派手な殴り合いをやらかし、二人とも、のびてしまう寸前になったのだ。そのとき、ぼくはU君を憎めなくなった。というより、何か〝親愛の情〟がわかってきたのだ。U君も同じように感じたらしく、それ以来、ぼくたちは友達になったのだ。だから、ぼくもU君も、お互いの友情を深めようと一生懸命になったのではなかった。だいたい、友情などというものは、意識するものじゃないと思うんだ。自然に派生してゆき、それでいて強い絆でつながっているのが本当の友情だろう。

ぼくとU君の友情こそ、本当の友情だったろう、と自信をもってぼくはいえる。事実、ぼくはU君の気持をよく分ったし、U君もぼくの気持を分ってくれていた。

本来、人間はすごく孤独だと思う。でも、本当の友人と一緒にいるときは、孤独を忘れることができる。そしてさらに、励ましてくれるのだ。

何かのキッカケで、

「こいつって、すごくいいヤツなんだなあ」

と感じることがよくあった。そのたびに、ぼくとU君との友情は、ますます深いものとなっていった。

高校一年の終わりに近づいたある日、ぼくのこれまでの人生で、最も悲しむべきことが起きてしまった。だれが、こんな残酷なことを予測できただろうか。

「U君が、オートバイに乗っていて、事故で死んでしまった」

という知らせが入ったのだ。

「うそだ。そんなバカなことがあるはずがない！」

知らせの電話を入れてくれた友人にぼくは何度もいった。そして、自分もそう思いたかった。

しかし、それは真実だった。

それから一週間というもの、ぼくは一種の虚脱状態だった。ご飯もまともに喉を通らず何もする気になれなかった。それほど、U君の存在は、ぼくにとって身近で、しかも鮮烈だったのだ。空虚な毎日のなかで、ぼくの目の前にはU君のありし日の姿が浮かんでは消え、また浮かんでは消えた。

死ほど残酷なものはない。死ほど悲しいものはない。残された者の悲しみは、たとえようのないものだ。

それまで、自分をとり囲んでいたカラーの世界が、一瞬のうちに色彩が消えてしまい、暗黒の世界に変わってしまったような思いだった。

やがてときがたつにつれて、ぼくはU君を奪った〝死〟に対する憎悪が激しくなっていった。

「ばかやろう、ばかやろう」

ぼくはそのたびに、ぶつけどころのない怒りをこめて、空に向かって叫んだ。そして叫びながら、とめどもなく熱い涙がこみ上げてきた。それでもときおり、U君があの白い歯を見せながらぼくの側に立っているような錯覚に陥ることがあった。でも、それははかない願いにすぎないことを、すぐさま思い知らされた。そして、ますますぼくの悲しみは深いものとなったのだ。

今でも、ぼくはひとりの若者の壮烈な事故死の夢を見てしまう。それはU君との友情を忘れられないためだろう。

U君、君はなぜ死んでしまったんだ。どうしてなんだ。生きていて、ぼくのよき相談相手に、そしてよきライバルになってくれなかったんだ。

ぼくは、その夢を見るたびに、しばらくU君の想い出にふけってしまうのだ。

奴の歌

深夜の都会の片隅で
今日も奴は歌ってる
ギターもなくて
ピアノなんかもちろんなくて

奴のファンは少なくない
このぼくもそのひとり
ところが奴ときたら
世界一の照れくさがり屋

惜しいんだよなァ
レコード出せば
テレビに出ろよ

ファンは奴に迫る

ところが奴はおどおどと
ぼくは歌が好きだから
それだけなんだと
こっちまで照れさせる

けれどすごいんだから
ほんと奴の歌は
もし聞きたけりゃ……
いやこれは自分で捜してもらおう

家族Ⅱ

こどもっていうものは、両親の起居動作をよくみているものだ。

小さいときのぼくの眼に映った父——いやもっと親しい呼び方のほうがいいや。親父、うん、親父って呼んだほうが血が通《かよ》っている——は、仕事に真剣に打ち込む人という印象が強かった。

この見方は今もかわらない。そしてなんとなくおっかなく、やさしさも親父らしい豪放さで表わす人。

ぼくが歌手を目指して、東京へ行きたいっていったとき、

「わしは、許さん」

と、2階の部屋にぼくを閉じこめて、外出を禁止したのも、親父らしい熱い愛情の表われだった。

そして西城秀樹として歌手の道を歩き出しても、ぼくが芸能界にいることを反対しつづけた。

その親父のたぎりたった愛情が爆発したのは、昭和48年3月21日、ぼくが大阪の毎日ホールでデビュー一周年記念のリサイタルが開かれたときだ。

このときおふくろが、ぼくのショーを観にきてくれたのだ。

だがこのリサイタルのとき、ぼくは最悪のコンディションに陥っていた。疲れと感冒で熱が40度もあった。

「こんなからだじゃ無理だ。ショーは中止しよう――」

事務所のマネージャーや関係者が相談した。

でもぼくはどうしてもやりたかった。

すべてはぼくの不注意から起こったことなのだ。

「それを自分の勝手で、ショーを中止するわけにはいきません。そんなことはファンのためにもできない。ファンの人達は、みんなぼくのショーを観に、早くから会場の前に来てくださっているんです。

大丈夫です。頑張ってなんとかやるから、ステージの幕をあげてください」

ぼくの必死の頼みが通って、リサイタルは開かれた。

昼の部はそれでもなんとか頑張った。だが夜の部に入ったときぼくはショーの途中で、意識を失い倒れてしまったのだ。

ファンには大変な迷惑をかけてしまったが、ショーは中止。ぼくはすぐに市内の病院にかつぎ込まれた。

病院には心配しておふくろが駆けつけてくれた。

そしてそのおふくろのうしろから、

「龍雄――」

という懐かしい声が起こったのだ。

ベッドに横たわっていたぼくは「あっ！」と声をあげた。夢じゃないかと思った。

それは親父だった。

あれほどぼくの芸能界入りに、反対しつづけていた親父が、ぼくのショーをこっそり観に来てくれていたのだ。

ショーを観に来てくれたのは、おふくろだけと思っていたぼくはうれしさに泣いた。

だが親父は怒っていた。

「だからわしは初めから許さんといっていたんだ。今すぐ、龍雄を連れて、広島へ帰る」

親にとってこどもはいくつになってもこどもだという。

親父の気持ちはぼくに痛いようにわかった。

けれど、芸能界に入り、やっと一年やってきたぼくは親父のことばに、従うわけにはいかなかった。

（おとうさん、許してください）

胸のなかで手をあわせながら、

「待ってくれよ、病気になったのは、誰の責任でもない、ぼく自身の注意が足りなかったからなんだ」

「親もとにいれば、そんなことはないんだ。独りでいるから、こんなことになるんだ。とにかく病気が治ったら、広島へ帰ってくるんだ」

「おとうさん、ぼくの気持ちもわかってくれよ。芸能界に入って、なんとか一年間、頑張ってきたんだ。ぼくはこれからなんだよ。それなのに、今やめて広島へ帰ることなんかできないよ」

「ばか者――まだそんなことをいうのか」

いつまでたっても果しないこの場へわって入ってくれたのは、そばでハラハラしながら見守っていたおふくろだった。

「おとうさん、タッちゃんのことは、私からもう一度話してみます。ですから今日のところは、もうタッちゃんを責めないでください。それにタッちゃんは、病気なんです」

親父は黙りこくった。

それでもときどき、

「おい、苦しくないか。苦しかったら苦しいというんだぞ。我慢なんかしていたら承知せんぞ」

と、ぼくに声をかけてくれた。

いかにも親父らしい荒っぽいことばだった。

でもそのことばには、ぼくを誰よりも心配してくれる父親の愛情がこもっていた。

おふくろのとりなしでぼくは広島へ帰ることもなく、それから後も、歌手の生活を続けられた。豪放で気性の激しい親父に較べると、おふくろはやさしい日本の典型的な母親だった。

ぼくは胃腸がとっても敏感で、起きぬけなど冷えた牛乳を飲んだりすると、たちまちお腹をこわしてしまう。

だから小さいときから、自然、牛乳を飲まなくなってしまった。

「かあさんは、タッちゃんを信じているから心配しないけど、胃腸の弱いことだけは、いつも心配でならないの。疲れたときは、なるべく冷たいものを、食べたり飲んだりしないようにね」

と、口うるさいほど言ってくれた。

そして一年くらい前に、そのおふくろから小さな包みが送られてきたのだ。

なんだろうと開けてみると、なかから白い粉の漢方薬が出てきた。

それは鹿の角を粉末にした漢方の高貴薬だった。

なかにおふくろの手紙が入っていた。

『これはとっても手に入りにくい漢方薬。疲れと胃腸にとても効きめがあるそうです。毎日〝必ず〟服用してみてください。

もしからだにあうようだったらいってください。

すぐにまた送ります。なにかよい薬はないかと、いろいろ聞いてまわって、やっとさがした薬です』

ぼくの目の前に、おふくろが薬をさがし回っている有様が浮かんできた。

ありがたかった。おふくろのやさしさが、胸にじんとこたえた。

おかげでこの薬を服用するようになってから、余り疲れることもなくなり、胃腸も丈夫になった。

一つにはおふくろの愛情のおかげなのだ。


その広島の家では龍寿にいさんが、親父とおふくろと一緒に住んでいる。

龍寿にいさんは小さいとき、ぼくに音楽の目を開かせてくれた恩人だ。

ほんとうはぼくとおなじに、ミュージシャンになる夢を持っていた。

ぼくが歌手になるため家出をした翌日、龍寿にいさんも自分の夢を実現させようと家出をしたのだ。

それを知ったのは、大阪にいる恵美子ねえさんの家に寄ったときだ。

ぼくは電話で龍寿にいさんに、なんとか家出を思いとどまってほしいと頼んだ。にいさんはわかってくれた。

「よし、そのかわりににいさんの分まで、やるんだぞ。しっかり頑張るんだぞ」

にいさんはぼくを逆に励ましてくれた。

龍寿にいさんはそれ以来、今日まで、なにか気付いたことがあると、広島から電話をしてきて、ぼくにアドバイスを送ってくれる。

「タッちゃん、今度の歌だけど、あの歌の出だしはこんな解釈をしたほうがいいんじゃないか。それは……」

にいさんのアドバイスはぼくにとって、とっても力強いヒントになる。

そしてぼくとは八つも歳が離れている恵美子ねえさん。

ねえさんは怒るかもしれないけど、ぼくにとっては〝小さなかあさん〟みたいに、甘くてやさしい人。

大阪で公演があると、

「タッちゃん——」

そういってねえさんは必ず楽屋へ訪ねてきてくれる。

そんなときねえさんは手作りの、お弁当を持ってきてくれるのだ。

東京では独り暮らし、いつも店屋物ばかり食べているぼくが、いつもねえさんの手作りのお弁当に、忘れていた家庭料理の味を思い出す。

「ねえさん、うまいよ、このおいもの煮たの。大分、腕があがったんじゃない」

毒舌を吐きながら、ぼくはうれしくてならないのだ。


そして現在、ときおり親父が広島から夜、電話をかけてくるのだ。そんなときの親父はたいてい家で晩酌をして酔っている。だからことばが乱暴だ。

「こら、龍雄、なぜ電話をかけてこんのだ。お前は、おとうさんがこんなに寂しがっているのがわからんのか。こら、なんで黙っている。おい、こら——」

そんなときぼくはなにも言えなくなってしまうのだ。

親父の気持ちに逆らって、とび込んだ芸能界。

でも、とうさん、歌手の仕事はぼくが好きで選んだ世界なんだ。男なら自分の好きな世界で勝負したい。

勉強して、頑張って、とうさんから、

「龍雄、よくやったな」

って言われるような歌手になってみせる。日本じゃなくて世界にはばたく歌手になってみせる。

それまでどうかぼくをみつめていてください。

これからはきっととうさんを寂しがらせないように電話をかけますよ――。ぼくは電話を終えた後で、いつも広島にいる親父に、そう胸のなかでいうのだ。

親父、おふくろ、姉、兄――。

こんなにも温かい家族に囲まれたぼくは、しあわせ者なのだ。そしてぼくが歌の道に邁進できるのも、みんな家族の人達のおかげなのである。

第五章

輝ける日

失意Ⅱ

昭和48年も間もなく暮れようとしていた。新聞や雑誌がレコード大賞候補を並べたてる喧騒をよそに、ぼくも北海道へ公演旅行に出かけていた。

デビューして2年め。『ちぎれた愛』がヒットしていたが、ぼくは賞には無縁なのだと当初からあきらめていたので、レコード大賞の発表にも無関心に近かった。前の年にはあれほど欲しいと願った賞だったのに……。

前の年、ぼくは『恋する季節』でデビューした。評判は悪くはなかった。ひょっとすると、レコード大賞・新人賞も夢ではない。そんなことを考え始めていた。

野球の新人賞と同じで、レコード大賞の新人賞は歌手としてデビューした者が、一生に一度しか取るチャンスのない賞だ。

その新人賞にノミネートされるかもしれないという情報が入った時、ぼくは天にも昇る心地だった。

「本当だろうか？　夢ではないだろうか？」

ぼくは何度も何度も自分の頬をつねってみた。

新しい情報では、ノミネートされるメンバーの有力候補だという。周囲の動きがガ然あわただしくなってきた。

ぼくの心は躍った。おふくろに報せなければと思った。電話のダイヤルを回すのももどかしく、受話器を取る音がするや否やぼくは叫んでいた。

「かあさん、ぼく、レコード大賞の新人賞にノミネートされそうなんだよ」

その後、なにをしゃべったか覚えていない。それほどぼくは興奮していた。

だが、その興奮はノミネートの発表日が近づくにつれ不安に変わっていった。

「本当にノミネートされるだろうか？　ダメなんじゃないだろうか？　もしダメだったらどうしよう？」

寝つけない夜が続いた。こんなことではダメだ。元気を出せヒデキ、自分で自分を励ますうちに、ノミネート発表の日がやってきた。

発表会場は赤坂プリンスホテルだった。睡眠不足でややはれぼったい眼をしたぼくは、ぼく以上に緊張している清水マネージャーと一緒に会場に向かった。

会場への車の中でマネージャーはひとりでしゃべり続けた。

「ヒデキ、落ち着くんだぞ」

「大丈夫だよ、ヒデキ、きっとノミネートされるよ」

ぼくは押し黙って、窓の外を走る景色を眺めていた。マネージャーに答えようとしても声をどうやって出せばいいのかわからないくらい、ぼくはあがっていた。まるで初舞台に向かうあの日のぼくのように……。

会場に着くとすぐに着換えを済ませ、その時を待った。ぼくは相変わらず上がっていたが、その一方で落ち着いている部分があった。それはぼくの遠い記憶だった。

子どもの頃、木登りをしていて落ちたこと、初恋のM子さんのこと、喧嘩をして職員室に立たされたこと、父に芸能界入りを反対されたこと、初舞台のあの日……そんなことが走馬灯のように思い起こされた。

突然、それまでのざわめきが止んだ。いよいよノミネートの発表だ。ピーンと張りつめた空気が漂う。ぼくは知らず知らず手を握りしめていた。背中に冷たい汗が流れる。

傍らに同期にデビューした郷ひろみ君、三善英史君、三角定規のみんながいる。どの顔も蒼ざめている。きっとぼくも蒼ざめているんだろうなァと、その時思った。

郷君が呼ばれた。パッと瞳を輝かせてステージへ駆け上って行く。

湧き起こる拍手、歓声。

間もなくぼくも呼ばれるだろう。その時は郷君に負けない位元気にステージに駆け上がろう。

その間にも三善君が呼ばれ、三角定規のみんなが呼ばれ、ぼくの傍らから去って行った。そして、ノミネートは終わった。

きらめくスポットを浴び、大きな拍手に迎えられる筈だった先刻までのぼくはもういなかった。

まるでKOされたボクサーのように、ぼくは祝福を受ける郷君たちの歌をもうろうとする意識の中で聞いていた。

悲しみは不思議になかった。口惜しさだけがあった。今まで、スポーツにも喧嘩にも負けたことのないぼくの初めての敗北、そのことが口惜しかった。

歯をくいしばって、その敗北感に負けまいとこらえているぼくの肩を叩いたのはマネージャーだった。

「ヒデキ、なんにもいうな。さ、帰ろう」

そのさっぱりした男らしい慰めのことばが、凍てついたぼくの心に熱い火を点けてくれた。

「すみません」

それが精一杯だった。ぼくひとりが口惜しいんじゃない。だから、このことばはそのままぼくを応援してくれているファンやスタッフの人たち全部にいえる唯一のことばだった。

その夜、事務所で残念パーティが開かれた。

「残念だったなァ。後で聞いたんだが、ヒデキはもう少しのところまでいってたそうだ。なぁに、新人賞はだめだったが、これで全て終わったわけじゃないよ」

秦野マネージャーにそう慰められた。秦野さんだって口惜しいんだ。だが、その口惜しさを顔に出さずぼくを励ましてくれる。

秦野さんだけじゃない。いつも一緒の清水マネージャー、それに事務所のスタッフ全員が口を揃えて慰めのことばをかけてくれる。うれしかった。もし受賞していれば、もっとうれしかったと思う。けれど、その時ぼくは、スタッフのみんなの持つやさしさ、思いやりに気付かずにいてしまったのではないだろうか。ぼくひとり、そんな意識がずっとあった。今考えてみると、ずいぶんわがままな子どもだったと思う。

パーティも終わりに近づいた。ぼくはもう元気を取り戻していた。

「みなさん、どうもありがとう。今日のこのパーティは、ぼくが新人賞を受賞して開かれたパーティより何十倍もうれしいものです。負けたのは口惜しいけれど、ぼくにはぼくを励ましてくれるみなさんがついていてくださいます。本当にぼくは幸せ者です。どうもありがとうございました。来年こそ、いや来年がだめなら再来年、ぼくはやってみせます。負け犬のヒデキはもう死んじゃいました」

「その意気だよ、ヒデキ、その意気……な」

秦野さんは笑いながら、何度も何度もうなづき、顔をそ向けた。ぼくはその時、秦野さんの眼からあふれた涙が、床に落ちるのを見た。
来年こそ――ぼくは改めて決意を固めた。

歓喜Ⅱ

年が明けた。

遂に広島へは帰らずじまいだった。親不孝をしちゃったなァ。新年の第一日、ぼくはベッドの上に正座し、広島の方向に向かって、

「あけましておめでとうございます。今年もよろしく」

そうあいさつした。

しばらく休みがあるので、広島に帰りたいという気持ちはあったけれど、今のぼくの置かれている立場は、親に甘えているような場合ではなかった。

ぼくは清水マネージャーと一緒に、水上温泉へ出かけた。去年の疲れを全て洗い流そうというのが狙いだった。

正月の温泉場はのどかで静かだった。みやげ屋は店を閉じ、いつもは団体客でにぎわう通りも、ひっそりとしている。湯煙りの上がる渓谷のせせらぎの音が、公演旅行しかしらなかったぼくを迎えてくれた。温泉につかると本当に疲れがドンドン抜けていくようで、数カ月ぶりにのんびりできた。

だがそれも一日だけで、あんなに欲しがってた休みがもったいなくなってきてしまった。根が貧乏性なのかもしれない。毎日ゴロゴロしているのがこんなに退屈とは、とても意外だった。ぼくの心の中では、「今年こそ、去年の屈辱をこの手でぬぐわなければ」という、激しい意欲がメラメラと燃え上がっていた。こうしてはいられない、それで予定を切り上げ、早々に東京に戻ってしまった。

東京に着くと、社長のお宅に正月の挨拶に行き、その足で明治神宮へ初詣に行った。玉砂利を踏みしめ、神聖な神宮に参拝したとき、身がピシッとひきしまる思いだった。今年こそ、ぼくはやるのだと、何度も何度も神に誓った。

こうしてスタートした昭和48年、ぼくが出したのは『青春に賭けよう』『情熱の嵐』『ちぎれた愛』『愛の十字架』の4曲だった。

なかでも『ちぎれた愛』は発売2週めからベスト・テン入りして、ついにヒット・チャートの第1位にまでなった。

それほどのヒット曲を出してはいたけれど、ぼくには不満だった。頑張りが足らなかった自分が恥ずかしかった。

レコード大賞のノミネートの日が近づくにつれ、ぼくは賞をあきらめるようになり、発表の当日は北海道のステージに立っていた。

もうレコード大賞のことは一切忘れて歌い続けた。最後の一曲を歌い終えてステージからひっこんだぼくに、蒼い顔をしたマネージャーが武者ぶりついてきた。

「ヒ、ヒデキ、やったんだよ、やったんだよ」

「やったって、なにを？」

「お、おい、ぼんやりしている場合じゃないぞ。歌唱賞だ。『ちぎれた愛』が歌唱賞にノミネートされたんだよ」

「えっ――!?」

ぼくは呆然とした。信じられない思いだった。しばらくぼくはそこに立ちつくしていた。

歌唱賞はレコード大賞と並んで、すごく重みのある賞だ。34年にレコード大賞が設定されて以来、歌唱賞の第1回受賞者はフランク永井さん、第2回以降美空ひばりさん、アイ・ジョージさん、三橋美智也さんと、歌の実力者ばかりが受けてきた賞なのだ。

その栄光のノミネートを受けたのだ。ノミネートを受けた歌手は会場に行かなければならない。だがその会場は東京で、ぼくは遠く北海道にいる。

「ヒデキ、なにをぐずぐずしてるんだ。したくだよ。早く東京へ行くしたくをするんだよ」

マネージャーにせきたてられて、ぼくはあわてて服を着換えた。

その傍らで、マネージャーがＪＡＬに電話をかけている。だが、羽田行きの便はどれもこれも満員だった。レコード大賞の主催者ＴＢＳでは、車を出して羽田空港に迎えて来ているという。しかし搭乗券が全部売り切れでは、東京へ帰りたくても帰れない。

ついてない。去年は会場にいながらノミネートされず、今年はノミネートされたにもかかわらず、会場へ行かれない。なんてことだ。ぼくは唇をかみしめた。

重い気分になって、椅子に腰を下ろしていると、電話にかじりついていたマネージャーの真剣な表情が突如くずれた。

「えっ、本当ですか？　はい、そうですか、はい、どうもありがとうございます。よろしくお願いいたします」

マネージャーは電話に向かって頭を下げ、ふり向くなり、

「事情を説明したらＪＡＬの方で搭乗券をなんとか都合つけてくださるそうだ。よかったなァ、さあ行こう」

ぼくたちは空港へ向かった。ＪＡＬ側の好意がうれしかった。けれど、空港に向かう車のなんと遅いこと。いや実際は速かった筈なのだが、ぼくには何時間もかかったように思えてならなかった。

ジェット旅客機に乗り込んで間もなく、機は滑走路をすべり、フワリと空中に舞い上がった。

機は飛翔する。快適な轟音を響かせて——。

その頃、東京では、すでにテレビの実況中継が始まっていた。だが、この飛行機に乗れたのだから、ギリギリ間に合う筈だ。飛べ、速く、もっと速く飛んでくれ！　ぼくは座席で祈り続けた。

つぶやくようにマネージャーがいった。

「よかったァ、ヒデキ。本当によかった。ちょうど一年前の今は、新人賞を逃がして口惜しい思いをしたけれど、この一年間の苦労が今やっと実ったんだもの」

「ありがとうございます。まだ実感がわいてこないけれど、うれしいです。とってもうれしい」

窓から外を眺めると星が一杯にまたたいていた。その星が徐々に大きくボヤけてきてぼくはあわてて眼を閉じた。

飛翔Ⅱ

飛行機が羽田空港に到着し、タラップが巨大なジェット旅客機の搭乗口につけられた時ぼくとマネージャーはすでに搭乗口の前に立っていた。ドアが開くや、ぼくとマネージャーは荷物を抱えながら、一目散に階段を駆け下りて行った。

「西城くーん、ここだよ、早くー！」

ＴＢＳの社旗を立てた車の前で、迎えの人が大きく手を振っていた。ぼくたちはその車に乗り込んだ。その車には、会場と直結した電話がついていた。その電話が鳴ったのは、首都高速道路に入って間もなくだった。

「西城君、歌唱賞受賞ノミネートおめでとう。感想を聞かせてください」

司会者の声が、会場の熱気と共に耳に飛び込んできた。

「ありがとうございます。みなさんに感謝しています。今はまだ気持ちが自分でも整理されていないので、多くはいえません。でも、うれしさと感謝の気持ちで一杯です」

その間にも車は疾走する。

しかし、ついに放送終了前に会場に到着することはできなかった。

間に合わなかったことの残念さと、ノミネートされた喜びが交錯する不思議な気持ちを抱きながら、すでに行き先を失った車はなお走り続けていた。

その夜、ひとりっきりになってさらに喜びが大きくふくらんできた。

さっきまで祝ってくれたみんなに叩かれた肩や頭に心地よい痛みが残っている。それにしても秦野さんの力は強いなァ……。

突然、ぼくは叫んでいた。

「やったぞう、オレはやったんだあ！」

思いっきりそう叫んで、ぼくはベッドの上で飛びはねた。

その時電話が鳴った。広島のおふくろからだった。

「タッちゃん、おめでとう」

おふくろの声を聞いたとたん、急に胸がつまった。

ノミネートされた喜びを、人一倍喜んでくれるおふくろに、ぼくはまだ報告していなかった。

去年、あれほど大威張りで電話しているだけに、照れくさいって気持ちもあり、つい後にしようと思いつつ、電話するのを忘れてしまっていたのだ。

「タッちゃん……かあさんね、かあさんは……」

おふくろの声はそこで止まった。もう後は続かない。

ぼくもまた絶句してしまった。

ふたりともなにもいわないで、東京と広島で互いに電話器を握りしめながら泣いていた。なにかいわなければ、何度もそう思い話そうとするのだが、そのことばは声にならず、ただしゃくりあげて泣くばかりだった。

おふくろが、

「タッちゃん」

と呼び、ぼくが、

「かあさん」

そう呼ぶ。それだけの会話がやっと復活しても、お互いに後は続かない。感激、感動というものは、ことばはいらないものなのだとこの時初めて知った。

ことばなど交わさなくても、東京と広島と離れていても、心が一本の太い線でしっかりと結ばれている。その太い線を通して、お互いの感情が熱い血となって通い合っている。

この瞬間のぼくとおふくろがそうだった。

この時こそ、ぼくのかがやける日の、かがやける瞬間だった。


その翌年、ぼくは『傷だらけのローラ』で歌唱賞を続けて受賞した。

48年の受賞がぼくに自信を与えてくれたのだ。

今年もなにかの賞に価するような歌手になりたい。それこそがぼくを応援し支えてくれるファンやスタッフのみなさんに報いる最大の道だからである。

これからもぼくは頑張るぞー！

秀樹絶唱

恋する季節

忘れもしない。レコーディングしたのは2月14日だった。その前の年の12月のなかばに、RCAのディレクター・ロビ和田さんに、「これが、キミのデビュー曲だ」と、譜面を渡されて、毎日、レッスンに励んできた。でも1月が過ぎてもいっこうにレコーディングの日が決定しない。

だから本当にレコーディングされるとわかったときは、もう天にものぼるような気持ちだった。1回めはあがってNG。OKがでたときも、「もう一度、歌わせてください」といって歌った。

恋する季節

麻生たかし＝作詞／筒美京平＝作曲

君と君とふたり　瞳をふせながら
強く強く熱い　こころを感じる
恋する季節には　まだ早すぎるけど
今のうちに確かめたいさ　何かを
雨の日の日曜は　がまんできなくて
つぼみならやわらかく　抱きしめよう
恋する季節には　まだ早すぎるけど
決めているさ　愛する人は君だけ

青い青い霧に　ふたりは濡れながら
肩と肩をそっと　触れ合いを見つめる
恋する季節には　まだ早すぎるけど
明日までは待てはしないさ　何かを
夢でいいこの腕に　君を抱き寄せて
くちびるを奪いたい　僕なのさ
恋する季節には　まだ早すぎるけど
決めているさ　愛する人は君だけ

©1972 by NICHION, INC.

恋の約束

デビュー曲を出して間もなく、ぼくは5月のウエスタン・カーニバルに初出場した。

なにがなんだかわからないうちに終わってしまった。が、とってもうれしいことがあった。それはこのウエスタン・カーニバル初出場のとき、ぼくのファンクラブができたことだ。そしてこの第2曲をレコーディングした。

〝燃えるヒデキ〟のキャッチフレーズはこのときできた。このキャッチフレーズができたとき、ぼくはそれに恥じない歌手にならなければいけないと思って頑張った。

恋の約束

たかたかし＝作詞／鈴木邦彦＝作曲

君は泣いたね　僕のくちづけ
こらえきれず君を　抱きしめたのさ
星を見つめて　恋の約束
それが最後　君に逢えなくなった
なぜに怖いの　愛しあうことが
早くおいでよ　僕は
君を　君を好きだよ
君がいなけりゃ　僕の涙は
誰がふいてくれる　恋のつらさよ

君にみせたい　僕のまごころ
遊びなんかじゃない　本当の恋さ
窓をひらいて　恋の約束
思い出してほしい　あの日の二人
なぜに閉ざすの　愛のよろこびを
熱いこころで叫ぶ
君を　君を好きだよ
君がいなけりゃ　僕の涙は
誰がふいてくれる　恋のつらさよ

©1972 by NICHION, INC.

チャンスは一度

ぼくの歌はアクションが多い。

デビュー曲の恋する季節のときは、曲の感じもあって、アクションというほどの激しいものはなかったけれど、やはりフリは入っていた。

その頃、歌のフリは自分で考えて鏡の前で、なん回もレッスン。はじめはフリをつけて歌うのが、とってもテレくさかった。

3曲めのこの曲では、フリをはじめて専門家の一の宮はじめさんにつけてもらった。

とっても激しいものでフリというよりアクションだった。

チャンスは一度

たかたかし＝作詞／鈴木邦彦＝作曲

チャンスは一度　逃げはしない
君を奪って　抱きしめるのさ
チャンスは一度　イエスかノーか
賭けてみるのさ　ジョーカーを投げて
アー　神に誓うよ
好きなのは　君だけ　君だけさ
チャンスは一度　火花を散らす
若い二人に　奇蹟はあるさ

チャンスは一度　燃えるハートで
愛する君を　燃えつくすのさ
チャンスは一度　追いつめるのさ
君のためなら　地獄の底へ
アー　神に誓うよ
好きなのは　君だけ　君だけさ
チャンスは一度　火花を散らす
若い二人に　奇蹟はあるさ

©1972 by NICHION, INC.

青春に賭けよう

四カ月前に、初めてLPを出し、これがとっても好評。気をよくしてこの4曲目をレコーディングした。
ぼくのファン層もこの4曲目から、ぐっと広がった。ぼく自身も自分の歌の方向を、なにかつかみかけたような思いだった。
この曲は歌の内容もあって、方々の学校の学園祭でもよく歌われ、ますます全国にひろがっていった。
その喜びをじっと嚙みしめる余裕めいたものがこの頃からもてるようになった。

青春に賭けよう

たかたかし＝作詞／鈴木邦彦＝作曲

涙をふいて　僕と歩いていこうよ
この道はもどれない　青春という季節
恋に悩みも　するだろう
誰かと争うことも　時にはあるだろう
若い日　二度と来ない
さらばといって　行こう

涙をふいて　僕と歩いていこうよ
雨の日も風の日も　青春という季節
君は心の友だよ
どんなに小さなことも話し合ってゆこう
今日から　明日に架かる
小さな橋を　渡ろう

泣けば　明日がつらいよ
二人の友情かたく
心で信じあい
涙を越えて　僕と　きれいな虹を探そう

※〝泣けば明日がつらいよ〟から四行の歌詞はレコード化において挿入されていません。（編集部より）

©1972 by NICHION, INC.

情熱の嵐

〝恋する季節〟でデビューして、この5曲目でぼくも一年ちょっとを迎えた。それを記念する意味で、思いきったキャンペーンをやろうということになった。

奇抜なアイデアがたくさん出たなかで、決定したのが、ヘリコプターに乗ってユネスコ村に降り、ファンの前で歌うという〝空からのキャンペーン〟だった。

当日は、四万人ものファンが集まってくれた。〝君が望むならと……〟と、ぼくが歌うと「ヒデキ」と、ファンのあい手が入り、大いにぼくはのって歌った。

情熱の嵐

たかたかし＝作詞／鈴木邦彦＝作曲

君が望むなら　生命をあげてもいい
恋のためなら　悪魔に心
わたしても　悔やまない
その瞳　僕のもの　このからだ　君のもの
太陽が燃えるように
二人は愛を　永遠にきざもう
君が望むなら　たとえ火の中も
恋のためなら　怖れはしない　情熱の嵐よ

噂のつぶても　かまいはしないさ
からだを張って　愛する君を
赤い血が燃えるよ
その笑顔　僕のもの　この若さ　君のもの
太陽が燃えるように
二人は愛を　永遠にきざもう

©1973 by NICHION, INC.

ちぎれた愛

前回の〝情熱の嵐〟で、ぼくは初めてベスト10歌手となった。

ぼくがレコード売りあげベスト10入りできたのは、みんなファンのおかげだ。そして「今度の曲で、必ずトップ・ヒットを狙ってみせる」とひそかに誓った。

いままでのぼくの歌のなかではちょっぴりと大人っぽい歌。この一段あがったイメージがファンにどう受けとられるかが心配だったが発売一週間で50万枚を売り上げついにトップヒットとなった。しかもこの曲でぼくは、レコード大賞歌唱賞まで受賞できたのだ。

ちぎれた愛

安井かずみ＝作詞／馬飼野康二＝作曲

ふたりだけに　ふたりだけに
この愛が生まれ
ふたりだけで　ふたりだけで
愛を抱きしめてゆくよ　アー
この愛を　守るために
傷だらけ　たとえ命さえ
賭けることも　できるだろう
孤独なふたり　恋人

ふたりだけが　ふたりだけが
この愛をわかる
ふたりだけの　ふたりだけの
光る星を見つけるのさ　アー
この愛が　終るときは
世界中　暗い闇の中
空よ海よ　悲しめよ
孤独なふたり　恋人

僕の気持を信じて　君をはなすもんか
好きだよ　好きだよ　好きなんだよ！

©1973 by NICHION, INC.

愛の十字架

〝ちぎれた愛〟で歌唱賞にノミネートされたとき、ぼくは着ていた背広の上着を、ぱっとぬぎ捨てて会場のステージに上って歌った。それは演技でやったのではない。

「西城秀樹〝ちぎれた愛〟歌唱賞にノミネート」

その声を耳にしたとき「やった……」という思いが無意識に背広の上着をぬがせたんだ。この7曲めの〝愛の十字架〟も、前回につづいてトップ・ヒットをとることができ、うちつづく感激にボーッとなった。

愛の十字架

たかたかし＝作詞／鈴木邦彦＝作曲

暗い夜空に　ひとり叫んでみても
愛は引き裂かれて　姿もないのさ
僕の夢は死んだ　君のいない世界
朝は二度と来ない
それが　愛と僕と君との……
運命か

愛の十字架を　僕は背負ってゆくよ
君を忘れる日は　死ぬまで来ないさ
なぜに君は愛を　僕の愛を捨てた
なぜに信じないの
二人だけに　やがて来る日の……
倖せ

©1973 by NICHION, INC.

薔薇の鎖

この曲を発表する前、ファンをアッとといわす新しい趣向を採り入れようということになった。

例によってぼくのブレーンの人達が、アイデアをねった結果、出てきたのがまだ日本の歌手では、だれもやったことのない派手なマイクアクションだった。

ヒデキ流マイク・アクションということで、マイク・スタンドを足でポンと蹴りあげ、それを上へ向けて歌うアクションが考案された。足で蹴りあげるから、マイク・スタンドを21本もこわしてしまった。

薔薇の鎖

斎藤優子＝原案／たかたかし＝作詞／鈴木邦彦＝作曲

愛する二人は　はなれていても
さびしくはないさ　夜も朝も
薔薇の鎖が　二人をつなぐ
アッアア……感じる　愛の世界を
空には明るい　春の光りが
僕たち二人を　今日から明日へ
イエイエイエ　薔薇の鎖が　二人を結ぶ
アッアア……愛する
この世のしあわせ　イエッ

時には噂に　こころを乱し
眠れない夜も　あったけど
信じているのよと　ささやくあなた
アッアア……変わらぬ　愛のよろこび
空には　明るい春の春の光りが
僕たち二人を　今日から明日へ
イエイエイエ　薔薇の鎖が　二人を結ぶ
アッアア……愛する
この世のしあわせ　イエッ

©1974 by NICHION, INC.

激しい恋

一年前の5月に発表した〝情熱の嵐〟では、ヘリコプターで、ユネスコ村に降りて歌う、空からのキャンペーンをやった。

そして迎えてこの曲は、それからさらに一年後。「去年に負けない、大キャンペーンをやろう」と、スタッフの人達と意見が一致。

その結果、決まったのは読売ランドでやることになったキャンペーン〝5月25日、秀樹になにがおこる〟。飛行機が〝ヒデキ〟の文字を空で作って、ぼくは高い建物の上から空中をジャンプして、ファンの前で歌った。

激しい恋

安井かずみ＝作詞／馬飼野康二＝作曲

やめろ　と言われても　今では遅すぎた
激しい恋の風に　巻き込まれたら最後さ
やめろ　と言われても　一度決めた心
この身を引き裂くまで
恋にこがれて　やかれて
もしも恋が　かなうならば
どんなことでも　するだろう
僕の人生を変えてしまうのか
黒い　黒い　瞳の誘惑

やめろ　と言われたら　死んでも離さない
地の果てまでも行こう　君をこの手に抱くなら
やめろ　と言われたら　よけいに燃えあがる
この身を引き裂くまで
恋にこがれて　やかれて
切ない胸　夜はふける
これが　恋の仕打ちなのか
僕の人生を狂わせるような
黒い　黒い　瞳の誘惑

©1974 by NICHION, INC.

傷だらけのローラ

前回の〝激しい恋〟は歌いやすい出だしが受けて、この年の有線放送大衆賞を受賞した。そして今度はどんな曲なんだろうと楽しみにして受けとったのが、この〝傷だらけのローラ〟だった。

譜面を手にしたとき、ぼくは内心びっくりし、そして不安を感じた。いままでぼくが歌ってきた歌とくらべると、あまりにも大人っぽい歌だったから……。

だがそれは、ぼくの杞憂に終った。曲はうれしいことにヒット。この曲で2年連続して、レコード大賞歌唱賞を受賞した。

傷だらけのローラ

さいとう大三＝作詞／馬飼野康二＝作曲

ローラ　ローラ　君は何故に
ローラ　ローラ　心をとじて
ローラ　ローラ　僕の前で
そんなにふるえる
今　君を救うのは
めの前の僕だけさ
生命も心も
この愛を捧げる

oh ローラ　ローラ　君を誰れが
ローラ　ローラ　そんなにしたの
ローラ　ローラ　悪い夢は
忘れてしまおう
この腕におすがりよ
今　僕は狂おしく
祈りも誓いも
この愛を捧げる
ローラ　ローラ　ローラ……

©1974 by Gei-ei Music pub.

涙と友情

この曲は前回の〝傷だらけのローラ〟のイメージと比較すると、ちょっぴり違う。〝傷だらけのローラ〟のしゃれた感覚は、外国にも受け、ぼくはフランス語でレコーディング、外国版を作った。

でも曲はあまりにも大人っぽすぎる。そこで、再びいままでのぼくの歌の系統にもどり、前曲より年齢をさげたイメージにした。

でも2月のはじめから、健康診断をかねたからだのチェックを受けるために病院に入ったので、この〝涙と友情〟は、テレビであまり歌うチャンスがなかった。

涙と友情

たかたかし＝作詞／鈴木邦彦＝作曲

沈む夕陽が　空をそめても
恋に破れた　ぼくの涙は
とまらないのさ
君が好きだよ
燃える想いを　なぜうけとめて
アアア　くれない
君にしあわせ　ぼくはあげたい
なぜくちづけに　顔をそむけて
離れてゆくの

風に誘われ　花が散っても
ぼくはベンチで　君の姿を
待っているのさ
君が好きだよ
燃える想いを　なぜうけとめて
アアア　くれない
君のくちびる　誰が奪うの
恋に破れた　ぼくの涙は
とまらないのさ

©1974 by Gei-ei Music pub & NET.

この愛のときめき

健康チェックの結果、からだのどこにも異常なしの診断をうけて、ホッとした。

そして、〝この愛のときめき〟をレコーディングした。

やはりテレビやステージで歌うとき、なにか新しいアイデアを盛りこもうと、スタッフの人達といろいろ考えた。

いろいろ考えているうち、ぼくが「マイクにバラの花を飾って歌ってみたらどうだろう」と提案。スタッフの人達も賛成してくれてこれが実現した。

この愛のときめき

安井かずみ＝作詞／あかのたちお＝作曲

じっと胸にためた想いが　あなたを追いかける
そっと手をのばせば
きれいな体に　ふれられるのに
どんなふうに愛したら
わかってくれるだろう
どんなふうに近づけば
ふたりがうまくゆくの

甘い胸さわぎがいつもの僕らしくないのさ
わざと横向いたり
ほんとは見つめて　見つめられたい
どんなふうに愛したら
ふたりのためにいいの
どんなふうにこの恋を
ふたりのものにできる

どんなふうに愛したら
この恋が結ばれる　イエイエイエ
どんなふうにこの恋を
ふたりのものにできる　イエイエイエ

©1974 by Gei-ei Music pub.

恋の暴走

外国では〝13日の金曜日〟といって〝13〟という数字を忌みきらう。

ぼくは別にジンクスをかつぐわけじゃないけど、ちょうど13曲めにあたるこの〝恋の暴走〟をレコーディングするとき、13という不吉さに支配されてしまったんだ。

ちょうどレコーディングを数日後にひかえるその日、ぼくは、左腕を脱臼するという事故を起こしてしまった。マイクを左手でもっていても、力が入らずマイクの重みで、左手がさがってきてとっても苦しい思いをした。

恋の暴走

安井かずみ＝作詞／馬飼野康二＝作曲

嫌いになれるなら　教えてほしいのさ
恋に　恋にひきずられ　逢えば言えなくなる
あなたにさよならを　胸の中のバラ色の肌を
もう一度抱きしめて見つめあう
愛してはいけないか　幸せに裏切られ
泣かないで　あなた　そして僕まで
ダメに　ダメに　ダメになりそう
明日があるなんて　慰めはいらない
くだけて散る　ガラスの夜だよ

体ぶつけようか　ガラスの傷ぐちに
これで最後　ふりむいた瞳
もう一度抱きしめて　はじめから
愛してはいけないか　人生に裏切られ
つらいけど　ふたり　そして僕こそ
ダメに　ダメに　ダメになりそう
忘れましょうなんて　僕には通じない
くだけて散る　ガラスの夜だよ

©1975 by Gei-ei Music pub.

第六章

神秘の星座

神話Ⅱ

夜空には限りなく、ぼくの知らない世界がある。月世界への上陸、ＵＦＯの研究――。

だが、宇宙に、謎が無くなってしまうことを、ぼくは怖れる。宇宙は、神秘のベェールに包まれてこそ、限りなく魅力的なのだ。スプーン一杯の水でさえ、月の引力から起こる潮の満干の影響をうけるのだから。

地震は、天王星の位置に関係があるのではと、地質学者は言っている。人間が果たして、星の影響をうけずに、この生命を保っていると、はたして誰が言い切れることができるだろうか。

昭和30年4月13日に、地球上に生命を発したぼくは、星占いによると、牡羊座。12日の夕刻、あの南寄りの空に、ひときわ輝く牡羊の姿の中で、最も明るい二つの星が牡羊の角にあたると、門馬寛明先生の、西洋占星術にのべられている。

ギリシャ神話では、継母に殺されようとした、かわいそうな兄妹、フリクソスとヘレーを救い出した、金色の毛の牡羊だ。ぼくは、生れ落ちた瞬間から、この星座に支配される運命にあるわけだ。

牡羊座の守護星は〝火星〟。すなわち、古代の戦闘の神マースである。弱者をかばい、強者に立ち向かわずにはいられない、優しく、向う意気の強い牡羊座の星は、ぼくにとって、どこかひとごとではない、気になる星座である。

「二人のこどもたちは私の運命に邪魔だ、殺してしまおう」

継母のイノーは、嫉妬の炎をメラメラと燃やした。

イノーが殺そうとしたのは、テッサリア王アマタスのこども、兄のフリクソスと妹のヘレーである。

これを知ったのは、国を追放されていたふたりのこどもの母ネフェレ。

「このままではフリクソスとヘレーが殺されてしまう！」

しかし、母のネフェレがいるところは、ふたりのこどものいるところよりもはるかに遠い。

思いあまったネフェレは、大神ゼウスに祈った。

「おお、わが大神ゼウス、どうか、フリクソスとヘレーふたりのわが子を、継母イノーの毒牙より、お守りください」

母親ネフェレの願いは通じた。

大神ゼウスは、伝令の神ヘルメルに命じた。

「ヘルメスよ、すぐに行って、ふたりのこどもを救え。この速い羊に乗って――」

大神ゼウスが贈ったのは、全身が金色の毛でおおわれた、一頭の牡羊であった。

金色の牡羊は、すぐさま大空を翔けた。

そして、ふたりのこどものところに駆けつけたのである。

「さ、早く、私の背に乗って！」

兄のフリクソス、妹のヘレーは、金色の牡羊の背にまたがった。

牡羊は空を飛んだ。

東へ、東へ――。

そのものすごいスピード。

「ヘレー、しっかりつかまっているんだ。下を見てはいけないよ」

兄のフリクソスがいった。

でもヘレーはあまりに牡羊が、早く飛ぶので、つい下のようすが知りたくて、ひょいと顔を下に向けてしまったのである。

その途端、妹のヘレーは激しいめまいを感じた。

「あーっ…」

おもわず手を離したヘレーは、あっというまに牡羊の背から、地上へ落ちて行ってしまった。

これがギリシャ神話の中の金色の牡羊の話。

悲しい話だけど、この金色の牡羊は、のちに大神にいけにえとして捧げられ、牡羊は守り神になったのである。

星占いⅡ

牡羊の男性は、「頭を下げる仕事」は絶対向かないとある。やはりサラリーマンは、駄目なのだろうか？　セールスマン、学校の先生も不向きのようだ。ギャンブルもいけないという。ぼくは確かに、競馬、マージャン等、どうも苦手だな。ぼくにとって27歳がひとつの運命の境界だそうです。あと7年間は、今の仕事一筋でいけるのかもしれない。

星占いには恋の占いがつきもの。

牡羊座の人の愛は、咲いたばかりの花のような魅力で、相手の心を、全て自分に引きつけながら、自分からは夢中にならない、理知的な愛だと書かれている。ぼくは、このことに関しては全く無知である。自分にとって、正しいかどうかさえ判らない。

牡羊座の男性にとって、相手の女性は、獅子座（7月24日～8月23日生まれ）の人の中にいるといわれます。ぼくの生活のペースによく合わせてくれて、ぼくによく従ってくれるパートナーが、この星の中にいるということだ。

また、射手座（11月23日～12月22日生まれ）の女性に、家庭の「安らぎ」と「うららかさ」をもつ人がいるそうだ。この人は、ぼくがテレビをみたくないと言ったらいつまでもテレビをみずに、暮らしてくれる優しさがあるそうだ。

結婚は、36歳といわれた。

ぼくは、あと16年間も、愛する人の味噌汁を食べられないことに、運命は厳しく定められているわけだ。

憧景Ⅱ

神秘の星占いとは別に、ぼくが、かすかにこんなパートナーが現れたらと、ふと考えてる、ぼくの心の秘密を書いてみよう。

身長１６０センチ。中肉。中背。50キロ前後。長い髪。たまご型の顔。目はすっきりと三日月型の眉。鼻は、可愛らしい小さなタイプ。こうして描いた女性は、ぼくの母であり姉である要素が濃いことに初めて気がついて、余りにも交友関係の少い、20歳の自分に呆然としてしまう。

控えめな、じっと耐えられる女性。そのくせ、どこかキラッと光ってる健康な明るい少女……ぼくにとって、これは少女雑誌のイラストにでてくる、少年のあこがれの女の子なんだな。脚が長く、スラーッとスタイルがいいくせに、しっとりと着物が似合って、なんとなくお茶やお花を、こっそりと習っているそんな人。ぼくの囲りにきっとたくさんいるんだろうけど、そのことを、確かめてみることさえできない自分。

飛行機に乗ると、いつも思うんだけど、スチュワーデスの人って、すごく生き生きとしてる。あんな女性にとてもつかれてるとき、そっとコーヒーを入れてもらえたらなんて、ふっと思うけど、飛行機を降りると、彼女たちの顔も何もかも忘れてる自分。病院にいるとき、白衣の看護婦さんに、何もかも甘えたくなってしまう。それでいておふくろみたいにウルサイナァ、なんて、わがままな心が直ぐ生れちゃう。

昔、電車の中で、文庫本を呼んでた女子学生を、ひどく尊敬したことがあった。あの鋭い頬からあごへの知的なまでの線が、たまらなく美しく見えたこともあった。でも、眼鏡をかけてるとこが、とてもつき合いにくい感じで、残念だった。

冬の夜の静かなひととき、編み物をしているおふくろを、なんていいんだろうと、しばらくみつめた遠い日もあった。

そんなおふくろが、親せきの結婚式か何かで化粧するのは、とてもいやだった。自分のおふくろではないような気がして、とてもそばへ寄りにくかったことを、今でも覚えている。まゆ毛もくちびるも、まるで生まれたままのように、自然にくっきりしたのは好きなんだ。まるで、今、石けんで洗ってきたばかりという、そんな、感じがすごくいいんだな。

石原裕次郎さんが、北原三枝さんにプロポーズする時、

「あなたは石けんの匂いがする女《ひと》です」

と、いったという話、いいんだなア。ぼくはそのこと、中学のとき、姉さんからきいて、きっと、ぼくはいつか石けんの匂いのする女を、お嫁さんにしようと、固く心に誓ったものだ。

石けんの匂いがして、白いワンピース、あるいはジーンズルック、そんなシンプルさに魅かれるのは、ぼくがまだ幼い心だからなのだろうか。

誰もみていない時、女の子がふと、髪の毛に手をやっている姿、あれはいいものだよ。

小さな子供に、そっと手をさしのべて、歩道を渡らせてあげて、あわてて立ち去る女の子のはじらいの後姿。

春から夏への季節の移り変りに、ひとより一日だけ早く、夏の装いをしてきてしまって家へもどって、着替えてこようかなァと、困って立ち止ったあの顔。どこかで待ってる友だちのところへ、一生懸命走ってきた、ほんのちょっぴり汗ばんだ小麦色の肌の女の子。素直に生きてる精一杯生きてる。そして、心から笑っている。そんな女の子がぼくはたまらなく好きである。そんな女の子から、ぼくもいつか、花嫁をみつけることだろう。

そう、ぼくもいつかは、誰かをみつける。心の中に、いくつかのイメージが作られ、ふくらみ、やがて破れて、また、新しいイメージが作られてるくり返しだけど……。

空想Ⅱ

「いけねえ――」
ぼくはバス停に向かって走った。
明るい太陽が輝く日曜日の午後。
キミと初めてのデートだというのに、20分も遅刻してしまったぼく。
わざと遅れたわけじゃないんだ。
悪いのは愛犬のコロのやつさ。
家を出るとき、コロのやつがジーンズにとびついて、泥んこにしてしまったんだ。
キミとデートするために、五日も前に洗って、はかないでおいたというのに……。
あわてて別のジーンズにはきかえて、家をとびだしたんだ。
でも、待ち合わせの場所に五分前に着くバスが、すでに出ちゃった後だった。
待ちに待った、次のバスがやってきた。
ぼくが降りる駅は五つめ。
そこのバス停にキミが待っているというわけなんだ。

怒っているだろうな、時間に正確なキミは。

もしキミが怒って帰ってしまっていたら……。

こんなときのバスって、てんでツイちゃいないんだ。

やたらと赤信号にぶつかる。

一つのバス停が過ぎ、二つめ……。

いよいよ最後のバス停が近づく。

からだを精一杯ねじまげて、ぼくは運転席のとなりからフロントガラスを見つめた。小さく見えてきたバス停のわきに、白い花のような服を着た、長い髪のキミの姿。キミがいた、20分以上遅れたのに。

「ごめんね」

あやまるぼくに、ぷうっとホッペタをふくらませすねた顔のキミ。

ぼくたちは歩きだした。

まだキミは怒っているね、いじっぱりの怒りんぼ！

「どこへ行くの」

やっとキミがしゃべった。

「いいところ」

ぼくはラランランとハミングして、おまけにスキップまでした。

日曜日の遊園地は混んでいた。

「あれに乗ってみたい」

キミが指さしたのは、ジェット・コースター。

先に乗るキミ、後から乗るぼく。

ゴトン、ゴトン、ゴトン……。

ゆるい傾斜を登りつめると、小さな箱が走りだした。

フワーッとからだが浮あがるような感覚。

ゆるやかな傾斜から、しだいに急な傾斜をスピードを増してくだる。

走る、走る——！

次の瞬間、からだがドーンと宙に放りだされるような恐怖感。

「キャーッ！」

キミは悲鳴をあげて、ぼくの手を強く握った。

やっと、二人の心がどこかで触れた。

遊園地を出たキミとぼくは、盛り場を歩いた。

レコード店をのぞいた。

おもちゃ屋のウィンドウに立ち止まった。

空がちょっぴり茜色――ビルのイルミネーションと溶けあって不思議な色。

「お腹すいたなあ」

「うん」

「なに食べる」

「男の人が決めるものよ」

「ようし」

「なあに？」

「ラーメン！」

笑ったキミとぼく、そろって味噌ラーメンの注文。

キミはパチンとお箸を割ってくれた。

割り箸の中に、キミの優しさがいっぱいつまってた。

ぼくたちは街を歩いた。

話しながら、笑いながら、おどけながら……。

やがて別れのとき。

バスに乗って、キミの家まで。

星空がいっぱいに広がっていた。

そのとき流れ星が、サーッと尾を引いて消えていった。

「まるで、嘘みたい」

「うん、流れ星なんて初めてさ」

「流れ星が消えないうちに、願いごとをしたの。ほら願いがかなうっていうものね」

「なにを祈ったの」

キミはクスッと笑った。

「ヒ・ミ・ツ……」

くるっと振り向いて、キミはじっとぼくの眼の中をのぞきこんだ。

「昼間はごめんなさい。悪かったのは、私です」

キミは、駆けだした。

ぼくは黙って、門の中へ消えるキミの影を見守っていた。

こんな小さくて可愛らしいことが、毎日、この街のどこかで起こっているはずなのに、ぼくには、ない。でも、いいさ。いつかきっと、こんなことが、牡羊座のぼくと、射手座のキミとの間で起こるかもしれない……。

宇宙に神秘があるように、ぼくの星にも、いつか神秘が、まるで音もなく訪れる。白い霧のようにやってくることを信じたい、いや信じているのです。

Q&A

好きな女の子のタイプは?

まず背の高さだけど、ぼくの身長が180センチだから、自分の身長にあったタイプとして考えると、相手の女のコは160センチぐらい身長があるといいな。

もちろんこれはあくまでぼくの理想。からだつきは、やせても太ってもいないない人が好きです。

そして髪型だけど、ショートカットよりもやや長めのヘア・スタイルが好き。

長めの髪になんとなく女のコのやさしさといったものを感じるのです。

ついでに顔のかたちは卵型が好きです。ぼく自身の顔が、わりと直線で構成されているせいかな。

目はぱっちりした目が好き。眉のかたちは三日月型で、鼻はやや小さめの鼻が好きなんだ。

好きな女の子の性格は?

なんでもかんでもでしゃばってやる女の子より、ひかえめな性格の女の子に惹かれます。

それでいてなんとなく目立つ子。こんな女の子がいたらサイコーだな。着物も洋服もよく似合う、そばにいるだけでなんとなく明るい雰囲気が漂う人。

そんな女の子がいたら、いっぺんに好きになってしまう。

好きな女の子の表情は?

人間は男でも女でも、仕事に打ち込んでいるときの顔がいちばん美しいといいます。

ぼくもほんとうにそうだと思う。それは〝真剣さ〟というものが表情ににじみでているからではないでしょうか。表情にうたれるというのはいってみれば〝真剣さ〟にうたれるからだと思います。例えば電車の中などで、文庫本をひらいていっしんに読みふけっている女の子。

編み物や手芸にうちこんでいる女の子。

こういうときの女の子の表情をぼくは美しいと思うんだ。

そして読書や編み物に疲れて、ホッとひといきつこうと顔をあげたとき、その一瞬、美しさが光りのようにキラキラと光ってみえるのです。

好きな女の子のお化粧は?

ほとんどの男の子がそうだけど、ぼくも、お化粧は濃いよりも薄いほうが大好きです。

できればお化粧なんて必要ない。石けんで洗ったばかりの素顔の美しさ。その自分の素顔を、大事にする人が大好きです。

好きな女の子の服装は？

服装とお化粧には、相関関係があるんじゃないのかな。お化粧を派手にする人は服装も派手好みだから……。

薄化粧の好きなぼくとしては、服装も清潔な感じが好きなんです。こざっぱりした白いワンピース、あるいはジーンズ・ルック。

服装に若さを感じさせる女の子は、素敵だなと思います。

好きな女の子のしぐさは？

意識的にポーズを作ったり、しぐさをするよりも、女のコが無意識にしたしぐさが好きです。無意識さのなかから出たしぐさには、その女の子の気持ちがそのまま素直に表れています。

ぼくが惹かれるのは、その素直さの表現なんです。

好きなカラーは？

白――そこにすべての色彩の基礎があるから……。白という色は染めようと思えば、どんな色にも染まります。つまり白は、素直さの象徴だと思うんです。人間社会のみにくさも知らず、純真な心をもった子ども。白い色にはそんな純真さがあるんです。

黒――このミステリアスさ……。神秘的でいくらその神秘の根源を求め、さがしてもわからない深遠さ。黒という色には、そんな魅力があります。

黒は夜、黒は魔女のマント、黒は静。そしておかしがたいなにかをもっている、黒……。

ブルー――カレッジ・カラーで象徴される色……。ブルーというとすぐに連想するのが、果てしない蒼空と海です。

そう思ったとき、次に胸にわいてくるのが、なにかが期待される未来、夢、希望なんです。

そういう夢をもつことが可能なのが青春――。

ブルーこそ青春の色だと思うなあ……。

白、黒、ブルー。この三つのカラーがぼくは大好きです。

好きなひとり歩きの場所は？

もう絶対に夕方の海岸です。

強烈な太陽が昼間、海岸の砂を火のように熱くして、でもその陽も今は沈もうとしている海。昼間にぎわっていた砂浜も、今は人影もとだえてうそみたいに、静けさをとりもどしている。ぼくはそんな砂浜を、ひとりではだしで歩くのが好きなのです。

足の裏に感じる砂のぬくもり、潮風、ブルーからダークブルーへ色彩をかえていく海。

夕陽にキミはどんなことを思う？

ぼくは夕陽をじっとみていると、なんとなく寂しくなってくるんだ。それは一日の終わりだからかな……。いや、水平線の彼方に沈もうとしている夕陽って、なぜか寂しいんだ。でも明日がある。明日になればまた陽が昇る。もっとかがやきを増して、もっと強く、灼けつくように。

そんなときぼくは夕陽に向かって

「オーイ、オーイ」

と呼んでみたくなるんだ。

独り歩きのよさ——それはこんなふうにさまざまなことを、考えさせてくれるところにあるんじゃない？　そして独り歩きの素晴らしさを満喫させてくれるのが海岸なんです。

好きな楽器は？

楽器はなんでも好きなんだ。

ピアノ、ギター、バイオリン、トランペット、ドラム……。

なかでもぼくと縁が深いのはドラム。小学校4年のとき広島中央ジャズスクールに入って、ドラムを勉強した。勉強したっていってもぼくは小学生で、しかも本格的に楽器を手にしたのはこれが初めて。だからなにがなんだかさっぱりわからなかった。それで「ようし、このドラムを自由にたたけるようになってみせるぞ」と、ひそかに決心して、三千円もするジーン・クルーパーの『ドラム教則本』を手に入れ、たたき出した。三千円という金額は、小学生のぼくにとって、たいへんなお金だった。

もちろん教則本をみても、どうたたいていいのかわからない。

それでも毎日、教則本をみながらドラムをたたくうちに、感じでわかるようになってきたんです。

一週間たって先生がぼくのドラムを聴いてこういった。

「キミ、すごいじゃないか。キミのそのテクニックは、一年勉強した人がやるテクニックだぞ。どうやっておぼえたんだ」

スッゴクうれしかったなあ。とくいのあまり鼻をヒクヒク動かしちゃったくらいだよ。

好きな歌手は？

これはもうたくさんいて、ひとりひとり名前を挙げたらきりがないんです。

まずビートルズ。これはぼくが小学校の頃からレコードを聴いていたからなあ……。

次のポール・アンカ。エンターテイナーとしての彼を、ぼくは素晴らしいと思います。そして三ばんめがローリング・ストーンズ。

すごい才能をもったグループ。サウンドのカラフルな感じが大好き。特に、『アンジー』が好き。この曲はぼくのショーによく採り入れているくらいです。

好きな役は？

いままでドラマや映画で、ぼくが演った役はみんな大好きで、それぞれ、忘れがたい思い出があります。そのなかでもやっぱり強く印象にのこっているのは、テレビドラマ『寺内貫太郎一家』の周平役です。

自由に育って、そそっかしくて、正義感が強くって、なにからなにまで現実のぼく自身に、似通っているところが多いからです。

好きな食べ物は？

肉は余り食べないけれど、いちばん好きな食べ物は？　ときかれると、真っ先にうかぶのがお好み焼きなんだな。

特においしいヒデキ流の食べ方を、こっそりと公開します。

まずお好み焼き――このなかにはエビや野菜をいれて作ります。

つぎにやきそばを作ります。このやきそばもお好み焼きの鉄板の上で、ジュウジュウやりながら作り、最後に、玉子焼きを作って、お好み焼きの上にやきそば、そのやきそばの上に玉子焼きをのせて、ムシャムシャ食べるんです。スッゴクおいしいから――！

第七章

青春の光と影

2

勇気Ⅱ

ブラックのコーヒーに、ウィスキーをちょっとたらしてみた。コーヒーのにがい香りとウィスキーのあのさすような香りがミックスされて、頭の芯まで、ジーンと来た。

テーブルに頰っぺをつけて、そのコーヒーカップを横目で見てみた。白い陶器が大きく目の前に迫る。そう、いつか、こんな場面を見たことがある。あれはジェームス・ディーンの「理由なき反抗」のトップシーンだったろうか。ディーンが、道路に寝転がって、消防自動車の玩具を、今ぼくが、こうやってみてるような格好で、眺めてるところから始まった。そんな、あやふやな記憶が、何年たっても、ぼくの頭の中に消えずに残っている。

ジェームス・ディーン——UFOのように出現して、UFOのように去った。スポーツカーで立木に激突。そして、全世界の、彼の女性ファンの涙の中で消えた。日本のジェームス・ディーンといわれた、赤木圭一郎も同じように、ゴーカートが、激突。今でも、彼の墓地には、ファンの花束がたえないと聞く。

ぼくは4月13日生れの牡羊座。星占いによると、体当りの職業が適してるという。新聞記者、プロのスポーツ選手、作家、俳優、そして、最も適してるのが、自動車レーサーといわれる。

マシーンと人間が一体になって、スピードへの挑戦。そこには、人間の世界にある、義理・人情のひとかけらも入れぬ機械との信頼だけ。

ぼくはもしかしたら、今の歌手という仕事より、性格としては、自動車レーサーの方が合っていたかもしれない。お世辞は絶対言えない、妥協も駄目、おしゃべりも駄目。よくこの性格で、芸能界に通じているものだと、ときどき苦笑している。厳しかったろうが、レーサーへの道はぼくのもうひとつの夢であったのかもしれない。サーキットの熱気渦まく興奮、そしてオイルの焼けるあの匂い。エンジンが爆発するあの音。ヨットの世界とは違った、マシーンの冷たさが、自分を興奮にかりたてていくのがわかるような気がする。

誰ともしゃべらず、長い長いサーキットの何十周、何十時間。コックピットの中でひとりだけの自由といったら、プロのレーサーに叱られるだろうか。ドラムを勉強するとき、いつも言われた。ドラムは、音楽以前のものだ。スポーツだよ。ドラムと自分の、果てしなき闘いだと。確かだった。スティックで、スネヤーに、シンバルに挑戦して、自分が勝つまで、叩いて、叩きのめさなければ、ドラムは、絶対いうことをきこうとしなかった。バスドラは、自分の足を、折れよとばかり踏んで、踏んで、踏んづけなければ、ただあざ笑って、踏んづけ返されるのがオチだった。ぼくはよく、ドラムと、真夜中、おしゃべりをした。

「おい！　いつになったら、良い音を出してくれるんだ」

「音を出すのは、俺じゃない。お前さんさ」

「チクショウ！　これでもか！」

「ヘェー、それで、俺を叩いてる積りか。なでてるんじゃないか」

「この野郎！　フックだ！　ジャブだ！　パンチだ！　とびけりだ！」

まるで、ロデオのじゃじゃ馬馴らしだ。叩いて、けってる。ぼくは、ずいぶんドジで、トンマに見えたろうよ。まったく自分に馴らすまでは、苦労させられた。でも、自分のものになったらあいつらはけっして裏切らない。自動車だって、きっと同じだと思うよ。マシーンに勝つことだよ。忍耐という武器で。

ぼくは、今年の4月に20歳を迎えた。この二十年間で、ひとつだけ自信をもって、言い切れることは、〝真の勇気とは、忍耐なり〟ということだ。

あと五分で、コンサートの会場へ、行かなくてはいけない。冷《さ》めたコーヒーカップからひと口飲んで右手にヘルメット、左にレーシングスーツをもって、これからサーキットの会場へいくんならいいのに……なんて、一瞬だけ思って。でも、会場のあのドヨメキは、ぼくにとって、何よりも素晴らしいマシーンの音なんだから。

誰もいなくなった部屋、コーヒーカップと、ウィスキーのボトルが一本だけ。この次、ぼくがこの部屋へ帰るのは何時《いつ》だろう。

ドアが閉る。ぼくが出ていく。置き忘れた、サングラスだけが、何故か淋しそうに残る。

部屋いっぱいの涙

涙ってやっかいだ
嬉しくっても
悲しくっても
ドンドン湧いてきて
止め方を知らないぼくは
いっぱいに泣いてしまう

もうお終まいかいと
涙のやつにたずねても
知らんふりして
ぼくをいじめる
おかげでぼくときたら

部屋の中で泳ぐしまつ

一分四十秒

こうやって息を止める

………

一分四十秒
まだまだ若いんだ

この一分四十秒
いつもと同じ時間と限らない
短いのもあれば
長いのもある

たとえば　ほら
テストの時間

書き上げてないのに
あと一分四十秒しかなかったり

たとえば　ほら
約束に遅れた電車の中
次はどこそことアナウンス
その一分四十秒の長いこと

朝の目醒めの一分四十秒
こいつは嬉しい
あと一分でいいからと
ふわふわ眠る心地よさといったら

情熱Ⅱ

エア・コンディショナーの単調なリズムのように、風音だけが楽屋のぼくのいるところへかすかに聞こえてくる。あと二十分でコンサートの幕があく。あわただしかったリハーサル。ぼくらの世界では、ゲネプロといわれてる、最後の通し稽古も終わった。ステージは、今、オーディオさんが、スピーカーのチューニングを、照明さんが、位置決めをしてくれているだろう。ステージへ現われるのは、ぼくとバックのバンド・メンバー、十数人にすぎないが、このコンサートのために、ぼくを助けてくれるスタッフは、二十数名からいる。ジーンズに、Tシャツというスタッフの彼らは、ぼくのコンサートのために、すでに昨日の夜から会場に入っている。

「お早うございまーす」

遠くから声をかけてくれる彼らに、

「昨夜何時に寝たの」

ときくぼく。答えはさりげなく返ってくる。

「昨夜ねえ、なんとなく完テツさあ」

完テツ、即ち徹夜で仕事ということ。それを、ちっとも勿体ぶらず、さりげなくいうとこがとてもニクイ。彼らは、今日、昼と夜のぼくのステージが終わって、取っ払い、即ちあと片づけが終わると、初めて、宿へ帰れる。だが明日の朝はもう、五時起きで、次の公演地へと移動だ。そして、またステージで逢うと、さりげなくいうだろう。

「昨夜ね、完テツさ」

ぼくはこうした若いスタッフに温かく見守られて、次々と公演先で、会場を満員にしたファンを迎えることができている。彼らの中には、ぼくが初めて東京へ飛び出した、17歳と同じ世代の若者も何人かいる。彼らの夢は、一人一人違っている。テレビのディレクターになりたいのも、舞台の照明家になりたいのも、写真家になりたいという希望も。だが歌手になろうというスタッフは一人もいない。それだけ彼らは、人生を知っている。そして、おとなななのだ。

ヘルメットをイキにかぶって、ジーンズの背中にスプレーで、Xマークを吹きつけてる舞台進行の17歳君は、毎日、単車でやってくる。

「俺もドラムやってたんだ」

「どうしてやめたんだい」

「才能無いのわかったんだな」

「学校に戻ればいいのに」

「ダメダメ！　舞台のさ、ブルーのライト、サーッと斜めにあたるだろう。あれ見るとさ、ジーンと来ちゃうんだ。理由なんかねえよ。でもさ、ジーンと来ちゃ、もう他の仕事やってらんねえよ、なァ」

ぼくには、わかってるんだ。小さかった、まだ小学校一年生ぐらいのとき、ぼくは駅へいくのが好きだった。駅といったって、待合室のあるにぎやかな所じゃないんだ。駅からほんのちょっと離れた、線路の貨物線みたいなとこ、シグナルっていうのか、ほら、鉄道の信号機ね、あれが好きでたまんなかった。青い信号灯が黄色に、そして、赤になるのが、大好きだった。貨物線のシグナルが全部、青に変るだろう。真ッ暗な中で、青い光りが、10メートルぐらいすーっと、霧の中を流れていくのなんか、たまんなかった。

一時間も二時間も、よくシグナルだけを見るために、貨物の引込線のコンクリートに坐ってたもんだ。だから、ヘルメットの17歳君が、照明のブルーのライトにしびれるのが、わかるわけなんだ。

あの日から、ぼくは、17歳君に目で合図するようになった。ステージ・オフで、自分の出を待つとき、ライトがブルーになると、そっと彼に片眼をつむってやるのさ。彼は、ジーンズのうしろポッケに、台本を丸めてつっ込んで、首からストップ・ウォッチかけて、ヘルメットをステージでは、毛糸の正ちゃん帽みたいのに代えてね、不器用なウインクを返すのさ。あれじゃ、あまり女の子には、もてねえなァって、思わず、彼のために首を振ってるぼくなんだ。

あと十五分で、1ベルが鳴るぼくの楽屋。午前中、公会堂へ入るとき、もうたくさんのファンの人が待っててくれた。昼の部の人かと思ったら、夜の部の人がもう並んでてくれた。大変な事だ、これは、本当に恐ろしいぐらいありがたいことだ。

楽屋の鏡に映る自分に語りかけてみる。

「これでいいのだろうか」

「ベストをつくしているのだろうか」

答は決ってる。

「やるだけさ、やるだけやって、それから答は出てくるのさ」

エア・コンディショナーの音が、遠く低く、高校のとき聴いた海鳴りのように響いてくる。こんな静かな時が、いつかあったような気がする。たしかヨット部のころ、あれは、いつもチームを組んでた、あいつとセーリングしてるときだった。

十月の終り、かもめが、超低空に滑降しては、魚をくわえて、またすべるように上昇していった。かもめの残したきれいな航跡が、しばらく残るほど、海面は静かだった。夕陽のラインが、水平線からぼくのいるヨットまで、直線に紅く染めていたのが、痛いほど今でも覚えている。

あいつとぼくは、もう三〇分も沈黙したまま、無風の中での難かしいタッキングの練習をくり返していた。かすかに船首の三角帆に、あるかなしの微風が感じられる秋の静かすぎる瀬戸の海だった。

「かもめの奴は幸せだなァ」

ポツンと、あいつは、三〇分振りにしゃべった。ぼくはようやく、目的の方向へのタックを終わって、ほっとしたところだった。

「どこへでも、自由に飛んでいけるもんな」

「ああ、あいつらは羽根があるからね」

「人間には空を飛ぶ羽根がないよ」

「俺は読んだことがあるよ、自由にとべる羽根をもらったイカルスという少年の話」

「イカルスか……すげえ格好いい名だ」

「でも、イカルスは、太陽に近づきすぎて、とけて死んじゃうのさ」

「死んでもいいよ、一度、自由に空を飛んでみてえよ」

あいつは、本当に今すぐ、かもめに代われるんなら代わろうとするかのように、じーっと海に向かって、滑空してくる白いかもめたちの群をみつめていた。かもめは、いささかも羽を折り曲げず、ただひたすらにピーンと、その翼を張りつめるだけで、舞い降りてくる。彼らの姿は余りにも美しく、余りにも自由すぎる。

ぼくはあいつというぼくのヨットの親友が何故翼が欲しいといったかを、その翌年の二月に知ることになるのだが、そのときは、ただあいつが、あのかもめのにくいまでの美しい飛行状態を羨《うらや》んでいるものとだけ思っていた。

あいつとも、高一の最後の二月、手の切れるような、真冬の海で別れたきり、逢うこともなく過ぎている。

ステージがあと五分でスタートの1ベルが、今鳴っている。楽屋にまだ一人だけでいるぼく。楽屋の窓をあけてみると、初めての見知らぬ土地の小さな街と、その向うにひなびた漁村の30トンクラスの漁船が、静かにもやっているのが見える。小型トラックが、港の倉庫に入っていく。そうだ、あいつも、大阪でトラックの助手になると話したっけ。もう、あいつも20歳、運転免許は取れたろう。

「いつか逢えるときが来れば、また逢えるさ」

あいつもこう思ったろう。そして、今、ぼくもそう思っている。そのことを、あいつに伝えてやれなくとも、きっとあいつはわかっててくれると思う。

窓を閉めると、ぼくはもう一度、鏡へ向き直った。そして、二時間の全ての情熱を注ぐべきステージへと、ぼくは、誰もいない廊下を、自分の靴音だけを耳に、歩んでいくのだった。

蝸牛

蝸牛《かたつむり》って字が
全然読めなくて
変な牛がいるもんだと
ステーキを連想したりして

鮨屋の湯呑みが
魚偏の漢字だらけで
変な魚がいるもんだと
実物を食べながら考えたりして

麦酒っていうのは
米の酒とちょっと違って
そうかやっぱりビールかと

たまにわかると喜こんだりして
倫敦って店は
有楽町の喫茶店
これなら読めるんだと
威張ってロンドンと叫んだりして

孤独Ⅱ

目覚し時計の音が、正確なリズムを刻んでいる。朝陽が、わずかにひらいたカーテンのすき間からもれている。

「いけねえ、寝すごしたァ」

ベッドをけって、文字通りとび起きた。

洗面所へひととび、冷たい水で顔を、そして歯ぶらしにチューブを……そのとき「いけねえ今日は、オフだった」

洗面所のフロアに、ヘタヘタと坐り込んじゃった。目覚しは鳴らない。朝陽は差し込んでる。これはてっきり、仕事に遅れたと思って、このあわてよう。やっぱりぼくは、少々オッチョコチョイらしいと、気がついたのが遅いんだなァ。

再びひとっとびにベッドへ文字通りもぐりこんだ。頭からダイビングした。五分、十分、いけない、もう目が閉じない。仕事がないのに、なんというぜいたく。誰だ、一日でもいい、オフの日は、朝から夜半まで何も食べずに眠ろうなんて、固く誓った奴は。

カーテンを一杯にひらいた。まだ太陽は、東の空だ。ニックイ時計をみる。九時五分。テレビはどのチャンネルも、奥さま向けワイド番組。レコードを聴く時間でもない。おなかは空いてるが、出前はまだ無理だ。

体操を始めてみる。まだ九時十五分なのだ。誰かに電話してみよう。とんでもない、12時前に電話なんかしてみろ、ゴローだって、ひろみだって、かみつかれちゃう。

やっぱり眠るか。ベッドの中は、まだぼくのぬくもりがかすかに残っている。だがどうしたんだろう、眼がさえてるんだ。ちっとも眠気がこない。いろいろやってみた。数字を1から数えたり、反対からやったり、コンサートのセリフを暗記したり……。

はき馴れたジーンズに、シマのTシャツ。冷蔵庫から牛乳をひとびん、一息にのんで、もうベッドからはサヨナラをした。

だいぶ前に買って、聴いてなかった〝TOWER OF POWER・EAST BAY GREASE〟をプレイヤーにかける。すごいパワーだ。そして、ファンキーだ。負けちゃうなァ。だけど、俺だって、いつかこのぐらいの線いってやるさ。ぐんぐん魅かれちゃう。リズムとブラスが、ファイトしてるのにまいっちゃう。すごい殴り合いだ。心と心が闘い合い、そこから音がにじんでいる。無性に、バンドのメンバーと会いたくなった。一緒に音を出したくなった。だけど、今日は、ぼくのメンバーも、本当に久しぶりのオフなんだ。

まさか、全員集合をかけるわけにはいかない。やっぱり、今日は、ずーっと、ぼくは一人というわけだ。

時計が進むのがやたらと遅いのがまいる。十時にさえなってないんだ。こんなとき、20歳の男性って何をするのだろう。

「決ってるじゃないか、女の子を誘って、映画を観て、食事をして、クルマを持ってればドライブへいくだろうさ」

無理をいうなってんだよ。ガール・フレンドのいないぼくに、今すぐどうしろっていうんだ。そりゃぼくだって、一度でいい、あの青山通りから神宮の絵画館の前まで、女の子と手をつないで、歩いてみたいんだ。手をつないで走ってみたいんだ！　一度銀座を、おふくろさんと手をつないで歩いてみたいと思ってたけど、それも実現してやしないんだ。女の子と歩くのも、まず相手を探さなくてはいけない。ぼくは、いつ、どこで、相手を見つけたらいいのか、それさえわかってやしない。これが、20歳になった、ぼくの偽らざる現状なんだ。

素手でベッドを思い切りたたいてみた。たたいたところで、どうなるものでもない。だが、何もしないでいるより、何かしている方がまだマシなんだ。どうして今日はオフにしたんだろう。なんで仕事をとってなかったのか、聞いてやろうか。

「冗談じゃない。このオフは、自分があれほど望んでたんじゃないか。このオフのためにここのところ、3日間も、俺も三時間平均、バンドメンバーもみんな寝不足で頑張ったんじゃないか。オフなんかいらないといってみろ、それこそ、ぶっ飛ばされるぞ！」

やっぱり、今日は、ぼく一人で残った時間を過すわけだ。

テーブルの上に、コーヒーカップがひとつ、ベッドの脇にスリッパが一足、洗面所にタオルが一本。なにもかもひとつ、ひとつ。淋しすぎるんだよ。カップル、デュエット、アベック、こんな文字を見ると、ぼくは悲しくなってしまう。身長１８０センチ、体重60キロ、心身ともに健康な20歳のぼくに、何が欠けているのだろう？

コーヒーカップがテーブルをすべって、フロアーに落ちた。ぼくの手が、コーヒーのブラックで汚れた。今朝着替えたばかりのＴシャツで、乱暴に手をふく。コーヒーの匂いがツーンと鼻をつく。

ベッドの片隅に坐ったぼくは、まるで広島から上京したときのぼくのように、しょんぼりだ。頭をかかえている。コーヒーで汚れたＴシャツに顔をうづめている。こんなぼくを誰が想像してくれるだろう。誰が可哀想と思ってくれるだろう。

のろのろと立ちあがるぼく。コーヒーで汚れた気に入りのシャツを脱いで、テーブルの上を、そのシャツでふくぼく。

シャツを新しく着こんだところで、何処へいくというあてもないんだ。このまま、裸でいたって、どうということもないじゃないか。

「おい、何処かメシでも付き合ってくれる可愛い女の子はいないのか。電話番号はどうした?」

電話番号、冗談でしょ。ぼくはそんな、電話帳だって持ってやしないんだ。友だちが、小さな電話帳をめくって、嬉しそうな顔して10円玉貸してくれよ、なんていうとき、たまんなく腹が立つんだ。この間なんて、10円玉を5個も借りられちゃった。一度でいいからぼくも、

「オイ、女の子に電話するんだ。10円玉貸してくれ」

なんていってみたいと思うよ。

長くコードののびた電話器を、じっとみつめる。電話のベルは、カチリともいわない。鳴ってくれ! 鳴ってくれ! 洋服屋でもいい、雑誌社でもいいんだ。間違い電話でもいいから、かかって来てくれ!

〝TOWER OF POWER〟のレコードが、いつの間にかエンドラインで同じところをくり返している。ギターのフレーズが、ひどく悲しそうだ。強烈なロックリズムが、もの淋しい。

ほんとうのことをいうと、淋しいのはレコードじゃない。自分の心がそう訴えているんだ。ひとりぼっちが、こんなにもつらいものだったろうか。ひとりでいることで、こんなにも淋しいことだったろうか。待ち望んでいた、仕事のない休日——オーバーにいえば、夢にまでみたオフのこの日、いつの間にか、誰かがそばにいて、誰かに見つめられてないと、我慢できなくなってしまったのだろうか。誰ともしゃべらずに、一日中、松林の丘で海をみることが好きだ

ったた、三年前のぼくはどこへいってしまったのだろう？　あいつと別れるとき、住所も聞かずに、

「逢えるときが来れば、いつか逢えるさ」

と、強い心でいい切れた、あの冬の日のぼくは、何処へいってしまったのだろう。

コーヒーでしみついた気に入りのTシャツを、頭からかぶって、色あせたジーンズの上衣に、ズック靴のかかとをつぶして、ぼくはきっと、夕ぐれまで、ただあてどなく、赤坂の高速道路の脇の陸橋をよこぎり、ホテルのアーケードを横眼に、歩きつづけるに違いない。

雨が降ったら、ジーンズのえりを立てるさ。まぶしかったら、ポケットのサングラスをかければいいさ。道をきかれたら、答えればいいんだ。自分の行く道がわからなくなったらたづねればいいんだ。明日の朝、仕事場へいくまで、ぼくはどこへいけばいいんでしょう、こういって誰かにきけばいいのさ。

どうせ戻ったって、コーヒーカップがひとつと、スリッパが一足、枕がひとつのベッドが待ってるだけじゃないか。探しにいこうよ、ぼくのこと、誰かが待っててくれる。暖かい部屋。コーヒーカップがふたつで、スリッパが二足あって、レコードがエンドになったら、B面をかけてくれる誰かがいるところを。

サングラスが、雨のしずくで、何も見えない、オフの午後三時、誰もこんなぼくを振り向い

てはくれない。

見知らぬ街

小さな駅に　ひとり残されて
どこへいく　あてもなく
太陽が西に沈むのを　見ていた

やせた犬が　不思議な顔で
見知らぬ　ぼくを見ていた
明日の朝は　汽車がくるだろう
煙を吐《は》いて　小さな汽車が
小さな駅に　どうして降りたのか
何をしようと　あてもなく
真紅《しんく》の夕陽を　見たかっただけ
やせた犬と　ふたりだけで

見知らぬ街を　ぼくは見ていた

旅人II

カメラの最後のシャッターの音が、ライフルの発射の音に似て、撮影は終わった。

長いどこまでもつづく砂浜。有名な鳥取の砂丘である。砂の上を歩くのは、大変にきつい運動であった。三時間のロケーションが、ひどく身にしみた一日。

誰も見てなければ、このまま砂丘の丘の上に寝転びたかった。眠ってしまってもよかった。青い海が、ここが日本ではないかのように思わせた。遠くを一羽の鳶《とんび》が、海中の魚を求めて、鋭く弧を描いて、旋回していた。

いつしかぼくは、撮影のグループから離れて、港から小高い砂丘の方へと、重い足をひきずっていた。海がずーっと低く見える。その丘の上で、ゆっくりと腰を降ろしたぼくの眼に、一人の影が写った。背の高い、30歳を過ぎた、異国的な感じの紳士だった。

ロングコート、バーバリーのトレンチだった。紳士はコートのポケットから、今どき珍しい、両切りの煙草を出した。ピースだった。ライターも、昔、ぼくの親父の使っていた、フードのついたジッポーだった。

ここが、鳥取の砂丘でなく、煙草がピースでなければ、ぼくは、この紳士をイギリス人だと、間違いなく思ったろう。それほど、紳士のスタイルは、日本人としては群をぬいてさえていた。

火をつけたピースが、風にゆれて、まぶしそうに目をしばたいた紳士の顔に、紫の煙がたなびいて、映画のワンシーンのように見えた。さっきの鳶が、急降下して、5センチほどの小魚の獲物にありつくのが、遠くからはっきりと見えた。

うれしいことに、誰もぼくを迎えには来なかった。ときおり、仕事がすむと、気難しくなるぼくの性格が、こうしてひとりっきりにしてくれるのには役立つのだけれど。

海風が、南から西へと変化していくのが、頬の先で感じられた。

どのくらいたったろう。陽は西の海に落ちて、小さくイカ釣りの船が、大昔の海賊のように、黒い帆をつけて沖へと走るのがみえた。シルエットのその小船の群れは、ほんとに海賊のように見えた。

紳士のトレンチコートが、真ッ黒く、少し強くなった西からの風に、はためいていた。紳士の囲りの砂浜には、両切りのピースの吸いがらが、十本余り散らばっていた。気がつかずに、かんでたガムが、ひどく固くなったことに気づいて、砂の中へとうづめてしまった。

そのとき、ぼくの目の前を、十数枚の紙片が舞うように通りすぎていった。おどろいて紳士に目を向けたぼくに見えたのは、今、最後の紙きれを破りすてる彼の、ガッシリと力強そうな両の手だった。

後をふり向くこともせず、ゆるやかな砂丘の斜面を、大股で歩み去っていくトレンチコートの背中が、何故ぼくにだけ、悲しみに満ち満ちてみえたのだろう。

あの紙片は、手紙ではなかったのか。あの手紙の内容は、紳士の人生の中で、とても処理しきれぬ問題を抱えていたのだろうか。誰か愛する人を裏切った、哀しみの手紙だったのだろうか。

波打ちぎわから、ぼくを迎えにだろう、人影がこっちへやってくるのがみえる。ぼくはようやく砂丘から立ちあがって、ひとつまたひとつと、遠く漁火が見え始めた暗い夜の海を見ながら、なんだか遠い異国の地へ来たような想いを抱きながら、しめった砂浜を歩き始めた。

旅

いつだって
歯ブラシ一本さ
ぼくの旅は

歯ブラシの

置かれた場所が
ぼくの現住所

星たちが
いっぱいの天井も
ぼくの現住所

広島以来
ぼくの毎日は
旅の連続なんだ

おかげで
ぼくのベッドは
主なきベッド

明日もまた

歯ブラシを連れた
ひとりきりの旅

再会Ⅱ

新しい原稿用紙の何も書いてない真白いマス目をみながら〝誰も知らなかった西城秀樹〟の第一行を書いた、あの日が今、遠い日に思えてくる。

たしかあのときは、梅雨入り間近い、大粒の雨がガラス窓を涙のように濡らしていた。理由もなく指先が震えて、遠くTBS近くの高速道路からきこえるサイレンの音に、耳をすましたことも覚えてる。

あの夜、この本が、ぼくの新しい出発《たびだち》になるかもしれないと、心のどこかで思ったことが、やはり今、こうして最終章を書き終わろうとしているとき、真実となって感じられてきた。もしかしたら〝出発《たびだち》〟というより、ぼく自身との〝再会《めぐりあい》〟ということなのかもしれない。

雨のあがった夜、大都会の灯りが、この生きていることの証明《あかし》のように、キラキラとまたたいている。

海と丘と美しい川に囲まれた故郷を出て、三年余——何故か、反抗的だったこの大都会の輝きにも、馴れてしまった今。一人ぐらしのひとつだけのコーヒー・グラスにも、淋しさを感じないと、無理にいえるようになった今。もしかしたらこの本は、だれにでもない、自分の心への語りかけであったのかもしれない。

自分でも忘れかけていた、いや忘れようとしていた、いくつかの想い出を、この本は鮮明に描き出す手伝いをしてくれた。誰にも話したことのなかった、ヨットの仲間のあいつのこと。七夕祭の宵の、名も知らぬ少女のこと。砂丘での暗い夜のこと……。

もしかしたら、このいくつかの話は、ぼくの心の中にだけ抱いておくべき、そんなものであったかもしれない。心に抱いているうちに、想い出と自分の祈りとが重なりあった、幻想の世界だったのかもしれない。

いつか、海辺を、波うちぎわを歩いてみる日が来るだろう。年老いて、ステッキをついて、大きなコリーかドーヴェルマンを連れて、ゆったりした足どりで、フラノのズボンをはいて——。

そんなとき、ぼくは想い起こすであろう。この青春の一ページを。〝誰も知らなかった西城秀樹〟の中のぼくを。

この本は、世界中で、ぼくだけしか書くことのできない、ぼくだけに許されたタイトルなのだから。

第八章

ヒデキ専科

ヒデキの朝・昼・夜

午前7時――。

あ、足音が近付いてきた。きっとぼくを起こしにきたマネージャーの藤原さんだな。

ああ、でも起きるのがイヤだよ。眠いよ。

ガチャッ――！

鍵が開いた。誰かが入ってきた。

「ヒデキ、ヒデキ、時間だよ」

「うん、うん――」

こんなときぼくは一応ぱっと、ベッドの上に上半身だけ起こす。でも目は閉じたままなんだ。目が開かないのは、ぼくのせいじゃないよ。上のまぶたと下のまぶたが悪いんだ。くっついて離れないようにできているんだもの。

でも藤原さんは、なれているから平気なんだ。勝手知ったるわが家のように、ぼくの目をさまそうとして、4チャンネルのスイッチをひねっちゃう。

わっ、すごい迫力、レッド・ツエッペリンの曲が流れる。

起きますよ、いま起きますよ、ホラね。

ぼくはベッドから起きると、夢遊病者みたいな足どりでバス・ルームへ歩く。

「ヒデキ、ねぼけて熱いお湯をかけるなよ」

藤原さんが心得ていて注意してくれた。

ヤサチイ　ヤサチイ　フジワラサン！

熱いシャワーを浴びると、やっと目がさめてきた。

ゆうべ寝たのは午前3時だったから、4時間しか眠ってないんだ。だから眠いのは当たり前なんだ。

ええと、髪はゆうべシャンプーしたから寝ぐせさえなおしておけばいいと……。

やっとバス・ルームから出てくると、

「はい、お茶」

藤原さんが熱い日本茶を用意してくれていた。

気がつくと4チャンネルの音はいつの間にか、ボリュームが低くしぼられている。熱いお茶をすすり新聞に目を通して着換え。ジーパンにTシャツ。かたわらで藤原さんが、

「今日は、これでいくか」

と、衣裳をカバンにつめ込んでいる。

午前8時25分――。

藤原さんの運転するマークⅡで出発。

午前9時――。

ヤクルト・ホール着。今日は『歌のスターパレード』（フジ）のナマ放送が、お昼からあるんだ。

「おはようございまーす」

元気よく声をあげて楽屋へ。

「ヒデキ、もっとボリュームさげた声でいえんのかいな」

和田アキ子さんが眠そうな眼でにらんだ。今日の出演は他に三田明さん、美川憲一さん。みんな先輩なのです。

「ヒデキ、パンでいいかい？」

朝はまるで食欲のないぼくを知っていて、藤原さんが聞いた。カメリハのあいまに、サンドイッチとオレンジジュースで腹ごしらえ。

12時45分、番組終了。

午後1時30分――。

渋谷公会堂へ。これから『8時だヨ！　全員集合』（TBS）の本番がある。

レギュラーのドリフのおじさん達の他に、荒川務くん、詩人の草川祐馬くんたちがにぎやかに出演する。

カメリハがすんでホッとひといきついたら、やっとお腹がグウグウ鳴ってきた。

「腹へったよ」

「なに食べる？」

「ウームと、天丼と冷むぎ」

「え、ふたつもかい？」

「だって、腹へってんだもの」

藤原さんが肩をすくめて、電話で注文してくれた。

食事が届いてパクついていると、

「おはようございます」

と荒川くんが入ってきた。すぐに天丼と冷むぎを食べているぼくをみて、

「うっ、すげえ、デラックス」

と、声をあげた。まわりにいたバンドの人達もニヤニヤ。

「今日はまいっちゃった。学校で数学の試験があったんです」

荒川くんがいった。

「数学——わかんないところがあったら、教えてやるよ」

ぼくがいったら、

「でもいいです。先輩を困らせるの、ぼくの趣味じゃありませんから」

「このオー！」

お互いに毒舌をたたきあう。でもここで先輩のえらさをみせてやりたいな——と思っていたらうまいことに取材記者の人が入ってきて、

「西城君、喧嘩の話を取材にきたんだけど……」

しめしめ、喧嘩のことなら、自慢じゃないけど負けないよ。

「そうね、どの喧嘩から話そうかな」

ぼくがいったらたちまち荒川くんが、わきで興味深そうに目をかがやかす。よしよし。

「兄貴とも喧嘩したことが、ずいぶんあるけど、これはすごかったよ。ぼくがぶっとばして、兄貴の耳を切ったら、今度は口のなかに手をつっ込まれて、ぼくが口のなかを切った」

「すごいネ」

取材記者の人がメモをとる。荒川くん、ますます聞き耳をたてる。喧嘩の話がひと通りすんだところで、今度はデビュー当時の想い出話。

「デビュー曲を、まだもらえない頃、毎晩、ビルの屋上でひとりで歌のレッスンをしたんだ。

深夜だし、ビルの屋上だから誰にもわからないと思っていたら、ある晩ね〝うるせえ〟って隣りのビルの人から、怒鳴られたことがあるんです。隣りのビルまでは、気が付かなかったなあ」

だからデビュー曲をもらったとき、そしてそれが発売になったときはうれしかった。

方々のレコード店へ、大きな声をあげて、

「今度デビューした、西城秀樹の〝恋する季節〟ありますか」

と、入っていったもんだ。

でも、どこもぼくのレコードがなくてガッカリ。

それでも聞いてまわっているうち、一軒のお店に、ぼくのレコードが置いてあったんだ。うれしくてうれしくて、

「このレコード、ぜひ、ここへ置いてください」

って、そのお店のベスト・テンのレコードの棚に置いてもらったことがあった。あの頃は必死だったんだ。

そんなことを思い出しているうちに、取材が終了。

すぐに今度は目の前に迫った『全国縦断コンサート』用の曲をおぼえる。テープのボリュームをさげて、みんなに迷惑のかからぬように、小声で歌う。

藤丸バンドの吉野さんがそばにきて、手で調子をとりながら、あぐらをかいたぼくの膝をたたいた。その手がだんだん上の方へあがってきた。太ももからもっともぼくの大切な部分へ。

ウエー、キモチワリイ。

ぼくは思わず声をあげちゃった。

「ウヒョ、くすぐったいよ」

このときテレビ局の人が、

「あと5分で、ランスルーいきますよう」

すぐにぱっと服をぬいで、バスタオルを腰にまいて着換え。

今日は劇中、加藤茶さんとドラムの共演がある。

ふたりとも黒の衣裳。その加藤さんがひょいと顔を出した。

黒のスーツのぼくをみて、

「あんた、ドリフの方?」

ぼくはすまして、

「いや、ホスト・クラブの者です。いらっしゃいませ」

といったのでまわりの人は大爆笑。

まだ、脱臼した左手が完全でないので、馬跳びの場面ではぼくだけ、跳んだ拍子に馬になった人の背中に、またがっていいことになった。馬になった人に、悪いことしちゃった。

午後8時54分、番組終了。

午後9時30分――。

築地にある平凡音響スタジオへ駆けつける。

6人のファンがスタジオの前に来ていた。

「ヒデキ、新曲、頑張ってね」

と、さっそく激励をうける。今晩、新曲のテープを録るのをファンの人が先に知っている。

5階の第2スタジオには、ディレクターのロビー和田さんがもう来ていた。

新曲を出すときはいつもそうだけど数曲、音を録るんだ。

そのなかから1曲だけをセレクトする。

今日はまだその第一段階。歌をおぼえてから、カラオケのテープにあわせて歌う。

「ヒデキ、一時間に3曲おぼえてくれよ」

と、秦野マネージャーがきびしい注文。

午後11時30分――。

やっと終了。ぐったりと疲れた。

「今夜は、家へ来いよ。食事の支度がしてあるから」

と、秦野さん。車で秦野さんの家へ行くと、おくさんが夕食を作って待っていてくれた。

食事のメニューは、ステーキ、野菜サラダ、味噌汁。

どれもみんなぼくの好きなものばかり。

「わっ、すげえ」

ぼくがいうと秦野夫人が、

「たくさん、召し上がってネ」

と、やさしくいってくれた。

午前0時30分――。

今日も一日が終わった。レコードを聴きたいけど、ゆうべから寝不足なので、今夜は早く眠ることにした。

今、頭のなかは夏の『全国縦断コンサート』のことでいっぱい。

八曜日

もう一日あるといいんだ
一週間が七日なんて

ちょっと短すぎる
せめてあと一日あると
ぼくはうれしいんだけど

月曜日　歌を歌う
火曜日　ダンスに行く
水曜日　映画を観よう
木曜日　パチンコをしよう
金曜日　ハイキングに行って
土曜日　巨人戦に行く
日曜日　泳ぎに行こう

それでもう月曜日なんて
ぼくは文句をいいたいなあ

ヒデキのデータ

靴

紐のついた靴ははきません。ぬいだりはいたりするときめんどうだから……。ぼくの歌はアクションが多いから、あまりかたちのピチっとした靴は、ジャンプしたり激しく動いたりしたときに不向きなのではいたことがありません。
靴の消耗は激しいほう。今までに３００足は、はきつぶしています。

靴下

靴下は靴と違ってあまり目立たない。ぼくは目立たないものに凝る性格。多いのはブルーと茶系の靴下で、それも派手なものが好きです。今もっている靴下は１５０足ぐらい。毎日その日の気分で選んではいています。

洋服

洋服地は、無地のものがほとんど。背広はかたっくるしいから、余り着たことがありません。

服地は、黒系統で目立たない模様の入ったもの、それに最近は淡いクリーム系統のものに興味をもっています。

サイズ

身長180　体重61　足25・5　また下86

こずかい

月に5千円ぐらい。ほとんど使わない。

ヒゲ

大体、2日に一度くらい剃っておくと大丈夫。

読書

ベストセラーや評判の本は、なるべく読むようにしています。『かもめのジョナサン』は、最近読んで感銘を受けた本です。あの詩情は素晴らしいと思った。あとよく読むのは詩集です。

趣味

以前はミニカーの収集に熱中して、千五百台は集めました。でもこの頃は熱がさめちゃった。やっぱり歳のせいかな。ミニカーは人にあげたりして、今のこっているのは八百台ぐらいです。

スポーツ

陸上、バスケット、バレーボールと、スポーツはなんでも大好きだけど、そのなかで一つ選べといわれたら水泳です。水泳はクロール、平泳、バタフライ、背泳とどの種目も自信があります。中学時代、水泳大会で1位になったことがありますよ。

映画

メロドラマ、スリラーなどは好みとしては好きじゃないけど、映画はいろいろと勉強になるのでよく観ます。好みとしてはシリアスなもの、それにミュージカルは必ず観るようにしてます。

季節

〝燃える17歳〟でデビューしたぼく。だから燃える季節、夏が大好きなんです。

夏になればヨットや水泳など、水のスポーツが楽しめるし、またギラギラした太陽のかがやきも大好きです。

1日

1日のうちで好きなときは夕暮れ。この頃になると、やっと肉体的にも精神的にも、リズミカルになって調子が出てくるんです。そのかわり1日のうちでいちばんにがてな時は朝。どうしてもなかなかさっと起きられないし、夢のなかからぬけ出せないんです。

曜日

この頃、会社は土日が休みのところが多いけど、ぼくが好きなのも土曜日です。やっぱりこれで一週間が終わったと思うせいか、ホっとします。それにぼくの場合、土日は旅に出て地方公演へ行くスケジュールが、多く組まれているから、土曜日は気分転換にもなるんです。

数字

大好きな数は3と7です。

占いには特別凝っていないけど、わりあいジンクスなんかをかつぐほうなんです。

3が好きなのは、ワ・ツウ・スリー！　と、3番めできまっている感じがするから。
7が好きなのは、ラッキー・セブンの7だからです。

セーター

冬、愛用するのはハイネックのセーターです。そしてカーディガン。好みのカラーは、黒や紺など地味なものです。

動物

小さいときから犬が大好きでした。

今でも歩いていて子犬が、チョコチョコとび出してきたりすると、駆けよって「よしよし」と、なでてやりたくなっちゃう。ほんとうは子犬を飼いたいんだけど、忙しくてめんどうをみてやれないので飼えません。これがとっても残念なんだ。

植物

燃えるイメージ、そして気品がある——そういう意味で真紅のバラが大好きです。

顔、からだ

自分の顔で気にいっているのは眼。心の動きを眼が忠実に表わしてくれるから……。からだで気にいっているのは足かな。長いからデース。

人物

歴史上の人物で尊敬しているのはアメリカのリンカーン大統領。そして架空の人物——これは人とはいえないけど、孫悟空。髪の毛をひょいとひっこぬいて、フッとイキをふっかけただけで何千人という自分の分身を出す幻術を使ったり、空をものすごいスピードで飛翔したり、とにかく人間のかなわぬユメを、かなえてくれるところが大好きなんです。

ヒデキのメニュー

ビーフ・ステーキ

スタミナをつけたいとき食べるのがステーキ。それも脂身のあるサーロインでなくて、ヒレのステーキ。食通はなま焼きのレアを好むというけれど、ボクの好みの焼き方は、中焼きのミディアムか、よく焼いたウエルダン。厚切りのステーキにかけるソースは和風のお醤油がなぜかよくあうのです。

什錦炒飯《シージンヤコオファン》（五目チャーハン）

外でもよく食べるけど、夜遅く帰ってきた時夜食がわりに作るのが、五目チャーハンです。冷蔵庫のなかから冷えた御飯を出して、なかへいれる具はそのときにあったものを使います。ラードはコレステロールがたまるから避けて、フライパンを火で熱しサラダオイルをいれ、油があたたまったらタマゴをいれて、よくいってこれを別のお皿にあけておきます。つぎに豚の挽き肉とみじん切りの玉ネギを炒め、そこへ冷や御飯を入れ一緒に炒めます。

次に化学調味料をふりかけ、さっきのいりタマゴをいれてさっと炒めて完成。秀樹風チャーハンの味はサイコー。ヒデキ、カンゲキ！

お赤飯

お赤飯には郷愁があります。広島にいる頃、誕生日というと母が作ってくれたのがお赤飯でした。あれはいったいいくつのときだったろう……。洋装店をやっている母は夜遅くまで仕事をしていました。

翌日はボクの誕生日でした。

（あんなに前の晩、遅かったんだ。きっと明日の誕生日は、お赤飯はムリかも知れない）

なかばそうあきらめていたら、朝食の食卓にのっていたのがお赤飯だったのです。

「タッちゃん、お誕生日、おめでとう」

ニッコリいう母の目はまっ赤でした。ボクのために一睡もせずに作ってくれたお赤飯。どんな豪華なバースディ・ケーキよりも、母の手作りのお赤飯には、火のように熱い愛がこもっていました。

今も街の和食屋さんのウィンドウで、お赤飯を見るたびにそのときのことを思い出す。思い出すたびに、胸がなぜかきゅんとしめつけられてくるのです。

玉子焼き

ひとりでおかずを作る時、きまって作るのが玉子焼き。まず生玉子三コをボールに割って入れお箸でよくかきまわして化学調味料と食塩をいれ、お砂糖をやや多めにいれて作ります。ぼくは甘い玉子焼きが大好きなのです。

「甘い玉子焼きが好きだなんて、こどもみたいだね」

なんてよくからかわれるけども……。

お寿司

コハダ、ヒラメ、アジ……。なまの魚をネタにしたお寿司は、いくら食べようと努力してもだめなんです。ニガテなんです。

それともうひとつワサビがだめ。だからお寿司屋さんへ行くと、注文するのはカッパ巻きや奈良漬け巻き、お新香巻きの巻き物類と玉子。お寿司と名のつくものだったら、稲荷寿司のほうがいいな。なまの魚がニガテだから、お刺身ももちろんヨワイんだなあ。

麻婆豆腐《マーボウドウフ》（ひき肉と豆腐のとうがらし炒め）

中華料理のお店に入ったとき、よく注文するのが麻婆豆腐。食欲があまりないときでもピリリと辛い麻婆豆腐をたべると、意外に食がすすむのです。

このほかによくオーダーするのは、青椒炒牛肉絲（ピーマンと牛肉の油炒め）、それに春巻き。みんなでおしゃべりしながら、一つ料理をわけあって食べられる中華料理は大好きです。

味噌ラーメン

ラーメンは大好きでよく食べます。特に味噌ラーメンは大好きです。

コクがあってシコシコしたラーメンの舌ざわり。札幌へ行った時は、必ず札幌ラーメンを食べています。

天ぷら

天ぷらのことは江戸時代は〝ゴマ揚げ〟といったんだって。それを〝天ぷら〟と名づけたのは江戸時代の小説家の山東京伝という人だったとか。テンプラはポルトガル語のテンペラードから日本語化したことば……。ボクが天ぷらにくわしいのは、揚げ物のなかでいちばん天ぷらが大好きだからなんです。

なかでもいちばん好物は、エビの天ぷら。天ぷら屋さんへ行くとエビばっかり頼むもんだから有名になっちゃった。

カレー・ライス

もうすっかりテレビＣＦで有名になっちゃったけど、カレーライスは大好きな食べ物。だからカレーのＣＦを撮るときも大張り切りで頑張った。

野菜サラダ

洋食のときは必ずサラダをオーダーします。大好きなのはグリーン・サラダでニガテはアスパラガス。アスパラガスはいつも必ずのこしちゃうんです。新鮮な生野菜を食べるとからだの血液まできれいに洗われるような気がします。

お好み焼き

大好物中の大好物。「ヒデキ、なに食べる?」と聞かれると、即、口をついて出るのが「お好み焼き」。

美味なことはもちろんだけど、なによりもうれしいのは、みんなとダベりながら好きな具を入れて、お好み焼きを作る雰囲気。食事の醍醐味はおいしいものを食べるということにもあるけれどもう一つ忘れてはいけないのは〝おいしく食べる〟その〝食べ方〟じゃないのかな。

お子さまランチ

いくつかに仕切ったお皿に、ミニ・ハンバーグ、エビフライなんかがのっていて、こどものお茶碗をふせたようなチキン・ライスの上に、小さな旗が立っている。お子さまランチはいくつになっても、子どもの頃の夢がのこっている。だからぼくはときどき、

「お子様ランチを、もう一度、食べたいなあ」

と、よく思うのです。

ビール

「ヒデキも少しお酒のレッスンをしてみたら?」

いたずら半分、興味半分にマネージャーがよくそういって、ぼくにビールをすすめることがあります。

ビールだったらグラスに2杯。日本酒はおチョコに2、3杯が限度。顔はすぐに赤くなるし眠くなっちゃうし、なんでお酒をみんなあんなにおいしそうに、飲むことができるんだろう……。

でもお酒をたしなむようになって、ぼくにもうひとつの世界ができたんです。それは広島にショーで行ったときなど、親父とお酒をくみかわせるようになったことです。父とぼくの2人

きり男の世界をたのしんでいるのです。

鍋焼きうどん

日本そば屋から出前をとる時は、冬なら必ず鍋焼きうどん。夏ならひやむぎを必ずとります。いろいろな具の入っている鍋焼きうどん、さっぱりしたひやむぎ、食べ物の歳時記風にいえば、鍋焼きとひやむぎは、冬と夏の風物詩です。ボクはその風物詩を食べるのが好きなのです。

牛乳、味噌汁

冷たい牛乳を飲むと必ずといっていいくらい下痢をする。それでいつとはなしに牛乳が飲めなくなった。味噌汁もあんまり好きではないし……。でも偏食はいけないと大いに反省。機会をみて好きになるよう心掛けている食品なのです。

ヒデキの百科事典

A

ADVENTURE(冒険)・小さい頃は家の屋根の上から跳びおりたり、冒険はよくやったな。

ADVISE（忠告)・忠告はよく聞きます。自分で考えて、いいなと思った意見はとり入れるようにしています。

AMBITION(野心)・将来、歌のほかになにか事業もやってみたいな。

ANNIVERSARY(記念日)・記念日はいっぱいあります。4月13日ボクの誕生日、3月25日はデビューした日、8月8日は初のリサイタルを開いた日。

B

BABY(赤ちゃん)・子どもは大好き。特に赤ちゃんはかわいいな。

BATTLE(戦い)・芸能界にかぎらず、男は仕事をやるとき、戦う気持ちをもたなければいけないと思っています。

BEACH(海岸)・中学生の頃、友達とキャンプに行った、瀬戸内海の美しい海を忘れることができません。

BLAZE（炎）・〝燃えるヒデキ〟とよく言われるけど、赤々と燃える炎の色は大好き。特にいままさに燃えつきんとする最後の炎の色が……。

BED（寝台）・ぼくの部屋には、セミダブルのベッドが置いてあるけど、この頃は畳の上に布団を敷いて寝ています。

C

CAMERA（写真機）・カメラの趣味はないけど、雑誌社の仕事のときなど、よくカメラマンのカメラを借りて、逆に撮ったりいたずらします。

CAR（自動車）・運転免許をとりたいんだけど、ひまがないのでだめなのが悩み。

CHAT（おしゃべり）・人と話すのは大好き。必ずジョークをとばします。

CHIVALRY（騎士道）・中学生の頃、強きをくじく弱い友達の味方になって、よく番長と喧嘩をした。これも男の子の世界の騎士道です。

COLLECTION（収集）・いま凝っているのはブレスレットと腕時計。腕時計は7、8個持っています。

D

DEFECT（欠点）・よくもの忘れするんです。それと背の高すぎるのも、長所であり欠点かも。

DIALECT（方言）・東京弁に慣れたつもりで、ときどきイントネーションがおかしくなることがあるんです。

DOG（犬）・犬は大好き。広島の家では飼っていました。小学生の頃、屋根から犬の上に跳びおりたら、犬がびっくり、噛みつかれたことがあります。

E

EFFORT（努力）・努力や根性ということばは大好きです。

EGG（卵）・玉子焼きはぼくの大好きな食べ物の一つです。

ENEMY（敵）・ぼくの敵は自分自身。甘える気持ちはぼくの敵。

ENJOY（楽しむ）・目下のところ最大の楽しみは1日中眠ることです。

ENTHUSIASM（熱狂）・ファンの熱狂がぼく自身を大いに燃えさせてくれるのです。

F

FAILURE（失敗）・2年前、郵便貯金ホールで開いたショーで、衣裳のジッパーがこわれて大失敗。上着をぬいで前をかくして歌いました。

FAITH（信仰）・これといった信仰はないけど、交通安全のお守りを持っています。

FANCY（空想）・空想は大好き。ショーのなかにも空想の場面をとり入れています。

FRIEND（友達）・広島の高校時代の友人とはよく電話で近況を報告しあっています。

G

GIAL（少女）・ぼくの女の子のお友達——それはファンぜんぶです。

GARDEN（庭）・広い庭のある家は大好き。いまはマンション住まい。庭のないのが寂しいな。

GENTLE（やさしさ）・好きな女のコの第一条件にあげるのが〝やさしさ〟です。

GESTURE（身ぶり）・歌うときのアクションをボクは大事にしています。

GLOVE（手袋）・冬、寒くても手袋をしたことはありません。

H

HAIR（毛髪）・セットは月に大体1回、美容室へはこのほかに月に3回ぐらいトリートメントに行き、あとは自分で髪を手入れします。

HAND（手）・小さい頃から今日まで、ぼくの手はけがの歴史でいっぱい。

HAPPY（幸福）・ファンの前で歌っているときが、もっとも幸福な瞬間です。

HATE（憎む）・もし憎しみを抱くとしたら、それは誰かに裏切られたときです。

HERO（英雄）・ナポレオン。

I

INDEPENDENCE（独立）・上京し、渋谷の目黒橋マンションに住むようになった時が、ぼくが独立したときでした。

INFANCY（幼年時代）・ガキ大将。

INSECT（昆虫）・トンボ、セミなどはぼくの小さい頃の友達みたいなものでした。

INTERCOURSE（交際）・お互いの信頼の上になり立っているのがこの世界。だから交際は大切にしていきたい。

J

JACKET（上着）・ジャケットは30着もっています。地味な色のものばかり。ときどき気分転換の意味でジャケットを着て外出することがあります。

JUMP（飛ぶ）・ボクの大好きな言葉。1年を大きく三つにわけ、ホップ、ステップ、ジャンプできめたいな。

JOKE（冗談）・ナンセンスナゾナゾがはやったときは、たくさん創作しました。

JOURNEY（旅行）・旅も仕事の一つ。でも大好きです。

JUSTICE（正義）・ぼくが大切にしているものの一つ。

K

KIND（親切な）・親切な女の子って魅力的だな。

KISS（口づけ）・未知なもの。

KNICKERBOKERS（半ズボン）・半ズボンってはいたことがないや。

L

LOVE（愛）・好きな言葉、ぼくのファンクラブの機関誌もLOVEという誌名です。

LETTER（手紙）・ファンレターには必ず目を通しています。これからも忠告や激励、お叱りのお手紙をくださいネ。

LONELY（孤独な）・ぼくは寂しがりや。誰かと話していないといられません。

M

MAGIC（魔法）・魔法やオカルトなど、神秘的なものに興味をもっています。デビューしてまもなく、ぼくのショーの司会をやっている岸さんに催眠術をかけられたことがあります。電車のなかだったので、グウグウ眠っちゃった。

MARRIAGE（結婚）・まだ考えたことない。結婚は30歳前後にしたいと考えています。

MAN（男）・つねに男らしくありたいと考えています。

MEAL（食事）・いつも店屋物ばかり。そんなぼくのために秦野マネージャーのおくさんのまり子さんがよく家庭料理を作ってくれます。この食事が最大の楽しみです。

MASTER（主人）・結婚したら亭主関白になるかも……。

O

OFFICE（事務所）・〒１０７　東京都港区赤坂３の13の13　中村ビル内（編集部注・昭和50年当時の住所です）　芸能プロ。ＴＢＳの前に在って、ボクはしょっちゅう顔を出します。

OYSTER（カキ）・広島の名物。おぼえといてネ。

OLD（年とった）・年配の人でもボクのファンがいます。とっても感謝しています。

P

PAIN（痛み）・左腕の骨を2本脱臼したときは痛かった。ショーで「痛い痛い」といわずドスをきかして「あのとき痛かったぜ」といえばよかったといったら大いにうけました。

PARADISE（天国）・ぼくは歌っているときが天国なんです。

PARK（公園）・故郷の広島には、平和記念公園、比治山公園、さらに広島城の周辺など、美しい公園がいっぱいあります。

PASSION（情熱）・ぼくの歌の歌詞によく出てくる言葉。ぼくもこの言葉が大好き！

Q

QUESTION（質問）・テレビ、雑誌、ラジオでいろいろな質問に答えてきました。たまにはぼくのほうから質問してみたいな。

QUARREL（口論）・仕事のときスタッフとよくやる。でもナットクすればすぐに治まります。口論というよりディスカッションかもネ。

QUEEN（女王）・来日されたイギリスのエリザベス女王の、気品のある美しさは素晴らしかったなあ。

R

RACE（競争）・芸能界はゴールなき競争の世界です。

RAIN（雨）・雨はキライ。野外ショーの前日はいつも雨を心配します。

S

SALARY（給料）・給料はほとんど家に送金しています。母が貯金してくれているんだ。ぼくが使うのはこずかい程度。買うものは着る物ぐらい。余り使いません。

SEA（海）・海は大好き。ヨットで海を帆走したい。

T

TEA（お茶）・紅茶、コーヒーといろいろあるけど一番好きなのは日本茶です。毎朝必ず熱い日本茶を飲んでから出かけます。

TELEPHONE（電話）・両親や友達と電話でおしゃべりするのが楽しみの一つ。よく電話をかけるし、ボクは電話魔かな……。

TELEVISION（テレビ）・たまにゆっくりくつろいでテレビをみる時間がほしいな。

U

UMBRELLA（傘）・傘を持つとよく忘れるので、雨降りの日でも持っていきません。

UNIFORM（学生服）・学生服は大好き。いまも高校時代の学生服を大事に持ってます。

V

VACATION（休暇）・もし休みがとれたら、ぜひカナダへ行ってみたいな。雄大なカナダの景色をゆっくりみて歩きたいのです。

VAGABOND（放浪者）・〝さすらい〟は好きな言葉の一つ。自由に放浪できる人はうらやましいくらいです。

VIEW（景色）・地方へ行ってもスケジュールに追われているので、ゆっくり景色を見る時間がないのが残念です。

W

WALK（歩く）・この頃はすっかり歩かなくなったなあ。自由に歩いてみたい。

WAR（戦争）・戦争をぼくは憎みます。世界中の人が仲よくなって、地球上に戦争なんか起こらない日を祈っています。

WHITE（白）・白はぼくの衣裳で一番多い色、純潔、天使、素直……といったことを白い色から連想します。

X

X'MAS（クリスマス）・小さい頃、よく親父が靴下のなかに、プレゼントを入れてボクの部屋に吊しておいてくれました。

Y

YEAR（年）・1年をホップ、ステップ、ジャンプでのりきりたい。

YOUTH（青年）・青年よ、大志をいだけ！　青年という言葉がぴったりの若者になりたい。

Z

ZOO（動物園）・いま一番みたいのはパンダ。ファンのプレゼントもパンダのぬいぐるみが多いんです。

ZEAL（熱中）・いま夏の全国縦断コンサートの曲をマスターすることに熱中しています。

解説

編集人　阿蘇品　蔵

秀樹さんの若き日を最も知ることのできる幻のファーストブックの復刊です。

秀樹さんは生涯にわたって、自分のめざす世界をひたすら追い求めて走り続けた人で、その原点はまさにこの一冊から始まりました。

とにかく文章がみずみずしい。ときには触れるだけでヤケドしそうになるくらい熱く、またおもわず頷いてしまう哲学的な描写に文章家としての才能を感じさせてくれます。

エネルギッシュな文面は、若きアスリートそのままに純真で情熱的です。

十代の終わりから二十歳《はたち》にかけての多感な時代の胸の鼓動と息づかいが伝わり、秀樹さんのもう一つの一面を垣間見ることができました。

約一年近くにわたって書き溜めたこのエッセーは、少年から大人の階段を駆け登っていく秀樹さんの内面の心理状態がいかんなく活写されて、見事なエンターテインメントストーリーとして仕上がっています。

タイムカプセルのふたを開けてその時代の青春群像を見ることができた思いで、とても楽しく読むことができました。

初恋、友情、家族、涙、夢、希望、出発をめぐる青春の光と影――。

発行から四十六年も経っているのに少しも色あせていないのは、その根幹に生涯を「一生青春」としてファンと向かい合って生きてきた秀樹さんの信念が見えるからなのでしょうか。

二〇二一年　三月

西城秀樹

さいじょう　ひでき

1955年4月13日広島県広島市生まれ。本名木本龍雄（きもとたつお）。

1972年3月25日「恋する季節」で歌手デビュー。

翌年5枚目のシングル「情熱の嵐」がヒット・チャート初のベストテン入り。

次作「ちぎれた愛」で初のヒット・チャート1位に。新御三家の一人として国民的アイドルスターの座を確立。

テレビ、映画、CMでも人気を博し、また数々の音楽賞を受賞。

代表作は「傷だらけのローラ」「ブーメランストリート」「YOUNG MAN（Y.M.C.A）」「ギャランドゥ」など。

テレビドラマでは「寺内貫太郎一家」で大ブレイク。

香港、中国、シンガポール、ブラジルなどの海外公演、ミュージカル公演、舞台公演など、
幅広い芸能活動を展開して国民的スターとして活躍。

2003年、公演先の韓国で脳梗塞を発症、引退を覚悟したが、懸命のリハビリで復帰。

2011年暮れに脳梗塞を再発したが、見事に復帰を果たした。

2018年5月16日急性心不全により逝去。享年63歳。

同年7月26日、写真集『H45 2018 EDITION』（青志社）を緊急発売。

2020年5月16日、書籍『西城秀樹一生青春』（青志社）を発売。

この作品は一九七五年七月、ペップ出版より刊行の書籍を新装復刊したものです。
写真提供　アースコーポレーション・武藤 義
JASRAC　出　2102482-101

誰も知らなかった西城秀樹。

二〇二一年四月二十六日　第一刷発行

著者────西城秀樹
編集人　発行人──阿蘇品 蔵
発行所────株式会社青志社
〒一〇七－〇〇五二　東京都港区赤坂5－5－9　赤坂スバルビル6階
（編集・営業）
TEL：〇三－五五七四－八五一一　FAX：〇三－五五七四－八五一二
http://www.seishisha.co.jp/

本文組版────株式会社キャップス
印刷・製本────中央精版印刷株式会社

©2021 Hideki Saijo Printed in Japan
ISBN 978-4-86590-115-3 C0095
落丁・乱丁がございましたらお手数ですが小社までお送りください。
送料小社負担でお取替致します。
本書の一部、あるいは全部を無断で複製（コピー、スキャン、デジタル化等）することは、
著作権法上の例外を除き、禁じられています。
定価はカバーに表示してあります。

青志社・好評既刊

西城秀樹の本

写真集

「H45 2018 EDITION」

西城秀樹＝著 宮澤正明＝撮影

◉本体 5000 円+税

秀樹さんが最も男盛りだった45歳の時に出版された写真集『H45』を全面新装し、未公開写真で構成した感激の2018年版豪華写真集！秀樹さんのすべてが好きだった全ファンに捧げる！

単行本

「西城秀樹 一生青春」

西城秀樹＝著

◉本体 1500 円+税

つまずいたとき、くじけそうになったとき、そして幸せになりたいときさあ、扉を開いてみてください。秀樹さんの生き方の礎となった「美」と「愛」と「精神」についてセレクトした「人生をつむぐ言葉集」です。